Frei sein, wo immer du bist

Thich Nhat Hanh

Frei sein, wo immer du bist

Aus dem Englischen
von Michael Wingender

Theseus Verlag

Der vietnamesische Zen-Meister Thich Nhat Hanh zählt als Meditationslehrer, Dichter und dezidierter Vertreter einer sozial engagierten Spiritualität zu den bedeutensten buddhistischen Persönlichkeiten der Gegenwart. Weltweit hoch geschätzt wird sein unermüdliches Eintreten für Frieden, Menschenrechte und soziale Gerechtigkeit. Seine besondere Gabe, Menschen des Westens die Lehren des Buddha nahe zu bringen, hat ihn weit über buddhistische Kreise hinaus bekannt gemacht. Thich Nhat Hanh lebt seit vielen Jahren im Exil in Frankreich in der von ihm gegründeten spirituellen Gemeinschaft Plum Village. Er ist Autor zahlreicher Bücher, die weltweit in viele Sprachen übersetzt sind.

Inhalt

Vorwort

Der Titel dieses kleinen Buches – »Frei sein, wo immer du bist« – deutet bereits an, worum es Thich Nhat Hanh hier im Wesentlichen geht: um das Thema Freiheit, um die Möglichkeiten und die Schwierigkeiten, wirklich frei zu sein, frei zu leben. Die Wahl des Themas ist nahe liegend, aber auch herausfordernd, basiert der Text doch auf einem Vortrag, den Thich Nhat Hanh in einem Gefängnis gehalten hat, vor Menschen, die nach gängiger Definition nicht »in Freiheit« sind, die Gefangene sind, weggesperrt hinter Gittern, isoliert vom Rest der Gesellschaft. Um welche Freiheit kann es da gehen, wenn die Gefängnismauern viele Freiheiten, die den meisten Menschen »draußen« selbstverständlich sind, beschneiden? Doch leben all jene Menschen, die »in Freiheit sind« tatsächlich in Freiheit? Oder ist Freiheit letztlich etwas ganz anderes – eine innere Haltung, eine Weise des Handelns, Denkens und Fühlens, unabhängig von äußeren Bedingungen?

Thich Nhat Hanh geht es in seinen Ausführungen um genau diese innere Haltung, diese Art von

Freiheit. Kaum jemand von uns verfügt ohne weiteres über sie, und sie wird uns auch, so Thich Nhat Hanh, von niemandem geschenkt: Wir müssen sie selbst entwickeln und lebendig erhalten. Ein zentrales Mittel, dies zu tun, ist die Achtsamkeit; Achtsamkeit für unser alltägliches Handeln, Denken und Fühlen. Achtsamkeit ist eine ganz wesentliche Voraussetzung für Freiheit, denn nur wenn wir merken, was in uns und um uns herum geschieht, haben wir eine Chance zu wählen und uns von dem zu befreien, was uns schadet, unseren Geist und Körper vergiftet, und das zu fördern, was uns gut tut und inspiriert. Freiheit ist, sagt Thich Nhat Hanh, auch Freiheit von Angst, Bitterkeit und Wut. Diese Freiheit ist möglich, so seine Botschaft, mit jedem Schritt, mit jedem Atemzug, in allem, was wir tun. Und diese Freiheit ist es, die uns ein Leben in Würde und Menschlichkeit ermöglicht, ganz unabhängig von den äußeren Bedingungen, unter denen sich unser Leben entfaltet. Das bedeutet nicht, dass Thich Nhat Hanh dafür plädiert, Ungerechtigkeiten oder Bedingungen, die menschliches Leid zur Folge haben, einfach zu akzeptieren. Sein eigenes Leben – sein großes Engagement für Frieden und Menschenrechte – beweist, dass es immer auch um entschiedenes Handeln geht, um ein Handeln, das aus Achtsamkeit, Klarheit und Mitgefühl erwächst – und damit aus Freiheit.

In diesem kleinen Buch zeigt Thich Nhat Hanh, wie wir Achtsamkeit und damit Freiheit und Glück im Alltagsleben entwickeln und verwirklichen können. »Wunderbare Augenblicke – Empfehlungen für einen guten Tag«, ein Text, der eigens in die deutschsprachige Ausgabe aufgenommen wurde, enthält darüber hinaus zahlreiche konkrete Anregungen, wie durch Achtsamkeit ein ganz normaler Tag vom morgendlichen Erwachen bis zum Schlafengehen zu einem guten Tag werden kann. Das größte Wunder ist, so betont Thich Nhat Hanh immer wieder, dass wir lebendig sind. Wir können uns dieses Wunders immer bewusster werden, es genießen und wertschätzen lernen, ganz gleich, wie unsere jeweiligen Lebensumstände sein mögen – diese zutiefst Mut machende Botschaft durchdringt jede Zeile dieses inspirierenden Buches.

Ursula Richard

Berlin, August 2002

Einführung

Ich begleitete Thay Thich Nhat Hanh, gemeinsam mit Pitam Singh, Bruder William und vielen weiteren Freunden, bei seinem Besuch in der Maryland Strafanstalt bei Hagerstown *(Ortschaft im U.S.-Bundesstaat Maryland – Anm. des Übersetzers).* Um zu den mehr als hundert Insassen zu gelangen, die in der Gefängniskapelle auf uns warteten, mussten wir erst sechzehn Kontrollpunkte *(»checkpoints«)* passieren.

An einer dieser Durchgangssperren beschlagnahmte ein Sicherheitsbeamter den kleinen Kassettenrekorder, den ich eigens mitgebracht hatte, um Thays Vortrag aufzunehmen. Entschieden protestierte ich gegen dieses Vorgehen. Ich erklärte dem Beamten, unser Lehrer sei bereits sehr alt und wünsche sich, dass möglichst alle seiner Dharma-Vorträge erhalten blieben. Es dauerte etwa eine halbe Stunde, bis er mir den Rekorder wieder aushändigte und wir weitergehen konnten. Später stellte sich heraus, dass der Rekorder, den die Anstalt für diesen Zweck zur Verfügung gestellt hatte, nicht funktionsfähig war. Es ist also letztlich diesem kleinen

Kassettenrekorder zu verdanken, dass Thays Worte nun auch in gedruckter Form vorliegen.

In seinem Vortrag erläuterte Thay unter anderem, wie wir achtsam essen und dabei den gegenwärtigen Augenblick genießen können. Als wir dann Mittags gemeinsam zu Tisch saßen, war ich zunächst sehr irritiert darüber, dass unsere Freunde im Gefängnis, obwohl sie doch eben erst Thays Worte gehört hatten, ihr Essen überaus hastig hinunterschlangen. Ihre Gewohnheitsenergie war offenbar sehr stark. Als wir eben erst damit fertig geworden waren, Thays Mittagessen anzurichten, waren die meisten von ihnen schon mit ihrer ganzen Mahlzeit fertig! In mir kam die Befürchtung auf, sie hätten Thays Belehrung über achtsames Essen nicht verstanden. Als dann aber schließlich auch wir zu essen anfingen, schauten die Gefangenen uns zunehmend aufmerksam zu, wie wir unsere Mahlzeit in Ruhe und Achtsamkeit genossen. Sie konnten die Freude und Achtsamkeit sehen, mit der Thay jeden einzelnen Bissen zu sich nahm, ebenso wie die freundlichen Blicke, die wir ihnen hin und wieder schenkten. Meine Hoffnung wuchs, dass die eindrückliche Weise, in der Thay seine Lehre während des Essens verkörperte, sie ermutigen würde, zukünftig ebenfalls in größerer Achtsamkeit zu essen.

Später an diesem Tag sprach mich ein Insasse an, der bereits dreißig Jahre in Gefangenschaft verbracht hatte, und fragte, was er tun könne, um Frieden und Glück in die Welt zu bringen. In seinem Blick lag große Aufrichtigkeit, und mit einem Lächeln antwortete ich: »Eins der größten Geschenke, die Sie den Menschen in Ihrer Umgebung anbieten können, ist Ihre Weise, einfach da zu sein. Sie brauchen kein Geld in der Tasche zu haben oder erst den Tag Ihrer Entlassung abzuwarten, um etwas für die Welt zu tun. Wenn Sie täglich üben, friedlich im gegenwärtigen Moment zu verweilen und, was auch immer Sie tun, mit Achtsamkeit auszuführen, werden Sie eine Atmosphäre des Friedens um sich verbreiten, die auch die Menschen in Ihrer Umgebung inspirieren wird.

Vielleicht gibt es einen Mitgefangenen oder einen Wärter, der in sehr aggressiver Weise mit Ihnen umgeht. Wenn Sie diesen Menschen mit Mitgefühl anschauen – mit Freundlichkeit und Liebe – und ihm ein sanftes Lächeln schenken, empfängt er etwas sehr Kostbares von Ihnen. Wenn Sie den tiefen Schmerz derer verstehen, die Ihnen Leid zufügen, und dann einfach innerlich loslassen, wird, in der Gegenwart von Mitgefühl, auf natürliche Weise Vergebung erwachsen. Falls notwendig, können Sie auch Ihre Entschlossenheit und Stärke zeigen, doch sollten Sie niemals Ihre Freundlichkeit oder Ihre Schönheit verlieren.«

Da ich wusste, dass dies, ohne die Unterstützung einer Gemeinschaft, einer Sangha, nicht leicht für ihn sein würde, schlug ich ihm vor: »Könnten Sie nicht hier drinnen eine kleine Sangha aufbauen? Als Anfang könnten Sie sich mit zwei oder drei Freunden verabreden, um gemeinsam über die Übungspraxis zu sprechen, die Thay heute gelehrt hat. Vielleicht können Sie sich ja während der freien Zeit treffen, die Ihnen für religiöse Andacht zur Verfügung steht?« Während er mir zuhörte, hatten die Augen meines Freundes zu leuchten begonnen, und schließlich sagte er: »Wahrscheinlich wird es nicht so einfach sein, wie es jetzt klingt. Ich glaube aber, dass es möglich ist.«

Den ganzen Tag über zeigten die Gefangenen großes Interesse an Thays Vortrag und stellten viele Fragen. Ich bin sicher, dass diese Worte, diese Erklärungen und Antworten an die Gefangenen, gleichermaßen lehrreich und gleichermaßen hilfreich für uns alle sein können – ob wir uns nun innerhalb oder außerhalb der Gefängnismauern befinden.

Schwester Chan Khong

3. März, 2002

Liebe Freunde, das folgende Gedicht schrieb ich während des Krieges in Vietnam. Zuvor war die Stadt Ben Tre von der amerikanischen Luftwaffe bombardiert worden. Ben Tre ist die Heimatstadt meiner Mitarbeiterin, Schwester Chan Khong. Die amerikanischen Streitkräfte zerstörten die Stadt vollständig, weil sich dort fünf oder sechs Guerillakämpfer aufhielten. Später dann gab ein Kommandant die Erklärung ab, dass er Ben Tre hatte bombardieren und zerstören müssen, um die Stadt vor dem Kommunismus zu retten. Dieses Gedicht handelt von Wut.

Ich halte mein Gesicht in beiden Händen.
Nein, ich weine nicht.
Ich halte mein Gesicht in beiden Händen,
um die Einsamkeit warm zu halten –
zwei Hände, die beschützen,
zwei Hände, die nähren,
zwei Hände, die mich davor bewahren,
dass meine Seele mich
in Wut verlässt.

Ich war sehr wütend. Es war nicht allein meine Wut, sondern die Wut eines ganzen Volkes. Wut ist eine Art von Energie, die für uns und für die Menschen in unserer Umgebung viel Leid bewirken kann. Als Mönch übe ich, wenn ich wütend werde, einen sorgsamen Umgang mit dieser Energie. Ich erlaube ihr nicht, Leiden zu vermehren oder mich gar zu zerstören. Wenn ihr euch eurer Wut in sorgsamer Weise zuwendet und imstande seid, eure inneren Spannungen aufzulösen, werdet ihr mit Sicherheit auch in der Lage sein, ein glückliches und freudvolles Leben zu führen.

Die befreiende Energie

Ich kümmere mich um meine Wut, indem ich zunächst meine Aufmerksamkeit zurück auf meinen Atem lenke und tief in mich hineinschaue. Sofort spüre ich, dass da eine Energie namens Wut in mir ist. Dann erkenne ich, dass ich eine andere Art von Energie brauche, um mit dieser Wut sorgsam umgehen zu können. Diese Energie lade ich ein, diese Aufgabe zu übernehmen. Diese zweite Energie nennen wir Achtsamkeit. Jede und jeder von uns trägt den Samen der Achtsamkeit in sich. Wenn wir diesen Samen in uns zu berühren wissen, können wir beginnen, die Energie der Achtsamkeit zu entwickeln. Die Energie der Achtsamkeit unterstützt uns sehr bei der Aufgabe, mit der Energie der Wut sorgsam umzugehen.

Achtsamkeit ist eine Art von Energie, die uns hilft, allen Vorgängen gegenüber bewusst zu sein. Jede und jeder ist dazu fähig, achtsam zu sein. Menschen, die sich täglich darin üben, entwickeln aber eine stärkere Achtsamkeit als jene, die dies nicht tun. Zwar tragen auch letztere den Samen der Achtsamkeit in sich, doch ist dessen Energie wesentlich schwächer. Aber nach nur drei Tagen kontinuierlichen Übens wird die Energie der Achtsamkeit schon deutlich angewachsen, deutlich stärker geworden sein.

Alles, was wir tun, können wir mit Achtsamkeit tun. Wenn wir zum Beispiel ein Glas Wasser trinken und uns währenddessen bewusst sind, in diesem Augenblick Wasser zu trinken, und wir nicht an irgendetwas anderes denken, dann trinken wir in achtsamer Weise. Wenn wir unser ganzes Sein, unseren Körper und Geist, dem Trinken des Wassers zuwenden, liegen Achtsamkeit und Konzentration in unserem Tun, und dieser Akt des Trinkens kann als achtsames Trinken bezeichnet werden. Wir trinken nicht nur mit dem Mund und der Kehle, sondern mit unserem ganzen Körper und unserem ganzen Bewusstsein. Jeder Mann und jede Frau besitzt die Fähigkeit, Wasser in achtsamer Weise zu trinken. Dies ist der Weg, der mir als Novize gelehrt wurde.

Auch achtsam zu gehen ist überall möglich, wo immer wir sind. Wenn wir gehen, richten wir all unsere Aufmerksamkeit auf den Akt des Gehens. Wir sind uns jedes einzelnen Schrittes bewusst und denken an nichts anderes. Dies nennen wir achtsames Gehen. Es ist in wunderbarer Weise wirkungsvoll. Übt ihr achtsames Gehen, werdet ihr in einer Weise zu gehen beginnen, die euch mit jedem Schritt zu größerer Festigkeit, Freiheit und Würde führt.

Immer, wenn ich von einem Ort zu einem anderen gehe, übe ich Gehmeditation – selbst wenn die Entfernung nur ein oder zwei Meter beträgt. Steige ich eine Treppe hinauf, übe ich Gehmeditation. Steige ich eine Treppe hinab, übe ich Gehmeditation. Begebe ich mich an Bord eines Flugzeugs, übe ich Gehmeditation. Gehe ich von meinem Zimmer zur Toilette, übe ich Gehmeditation. Will ich zur Küche gehen, übe ich Gehmeditation. Es gibt keine andere Art des Gehens für mich – nur achtsames Gehen. Dies hilft mir sehr. Es verhilft mir zu tief greifender Veränderung, zu Heilung und Freude.

Auch beim Essen können wir achtsam sein. Achtsames Essen kann uns zu großer Freude und großem Glück verhelfen. In meiner spirituellen Tradition gilt das Essen als eine sehr tief gehende Übung. Zunächst nehmen wir eine stabile Sitzhaltung ein, betrachten die Speise und lächeln ihr in achtsamer Weise zu. Wir sehen die Speise als Botschafterin, die vom Himmel und von der Erde zu uns gekommen ist. Wenn ich eine Bohne anschaue, sehe ich eine Wolke in ihr schweben. Ich kann den Regen und den Sonnenschein sehen, und ich erkenne, dass diese Bohne ein Teil der Erde und des Himmels ist.

Wenn ich in die Bohne hineinbeiße, bin ich mir bewusst, dass dies eine Bohne ist, die ich gerade in meinen Mund gesteckt habe. Da ist nichts anderes in meinem Mund – nicht mein Kummer und nicht meine Angst. Wenn ich die Bohne kaue, kaue ich nur die Bohne – nicht meine Zukunftspläne oder meine Wut. Ich kaue sehr sorgfältig und konzentriert, und während ich mich selbst hundertprozentig in diesen Vorgang einbringe, fühle ich eine Verbundenheit mit dem Himmel, mit der Erde und mit den Bauern, die diese Bohnen anbauten, sowie mit den Menschen, die sie zubereiteten. Wenn ich in solcher Weise esse, fühle ich, dass Stärke, Freiheit und Freude für mich erreichbar sind. Die Speise ernährt nicht nur meinen Körper, sondern auch meine Seele, mein Bewusstsein, und meinen Geist.

Freiheit kultivieren

Für mich kann es kein Glücklichsein ohne Freiheit geben, doch Freiheit wird uns nicht von irgendjemandem geschenkt; wir müssen sie in uns selbst entwickeln. Ich möchte mit euch das Wissen darüber teilen, wie wir größere Freiheit für uns selbst erreichen können. Dies geschieht, während wir sitzen, gehen, essen oder während wir arbeiten. Freiheit ist unsere tägliche Praxis. Unabhängig davon, in welcher Situation oder an welchem Ort wir uns befinden, – wenn wir wirklich frei sind, sind wir auch glücklich. Viele Freunde von mir waren lange Zeit in Zwangsarbeitslagern interniert. Da sie aber richtig zu üben wussten, mussten sie nicht über alle Maßen leiden. Ihr spirituelles Leben erfuhr sogar eine beträchtliche Weiterentwicklung.

Wenn ich von Freiheit spreche, meine ich die Freiheit von Kummer, von Wut und von Verzweiflung. Wenn ihr Wut in euch fühlt, müsst ihr die Wut umwandeln, um eure Freiheit zurückzugewinnen. Kommt ein Gefühl der Verzweiflung in euch auf, solltet ihr diese Energie erkennen und euch nicht von ihr überwältigen lassen. Mit der Energie der Achtsamkeit könnt ihr eure Verzweiflung umwandeln und die Freiheit erlangen, die ihr verdient – die Freiheit von Verzweiflung.

Ihr könnt Freiheit in jedem Moment eures täglichen Lebens erfahren. Jeder Schritt, den ihr geht, kann euch helfen, eure Freiheit wiederzuerlangen. Jeder Atemzug kann euch helfen, eure Freiheit zu entwickeln, eure Freiheit zu kultivieren. Wenn ihr esst, esst als freie Menschen. Wenn ihr geht, geht als freie Menschen. Wenn ihr atmet, atmet als freie Menschen. Das ist überall möglich.

Indem ihr eure eigene Freiheit entwickelt, werdet ihr auch fähig, den Menschen in eurer Umgebung zu helfen, den Menschen, mit denen ihr zusammenlebt. Selbst wenn sich eure äußeren, eure physischen und materiellen Bedingungen nicht weiter verändern sollten, wird die Übung euch helfen, bedeutend freiere Menschen, stärkere Menschen zu werden. Andere werden sich von eurer Art, zu gehen, zu sitzen und zu essen, in positiver Weise berührt fühlen. Sie erkennen, dass Freude und Glück für euch möglich sind, und werden ein Vorbild in euch sehen, denn ihr habt euch offenbar selbst gemeistert und seid nicht länger ein Opfer von Wut, Bitterkeit und Verzweiflung. Die Praxis, der ich als buddhistischer Mönch folge, ist die Übung der Freiheit. Bereits als junger Mönch erhielt ich von meinem Lehrer ein kleines Buch mit dem Titel *Der Weg in die Freiheit: Ein Handbuch für Klosternovizen.*

Die Fähigkeit zum Ein- und Ausatmen ist ein Wunder. Ein Mensch, der im Sterben liegt, verliert zunehmend die Fähigkeit, frei zu atmen, und er wird irgendwann ganz zu atmen aufhören. Aber ich lebe jetzt. Ich kann einatmen und mir dabei meines Einatmens bewusst sein; ich kann ausatmen und mir meines Ausatmens bewusst sein. Ich lächle meinem Ausatmen zu und bin mir dabei meiner Lebendigkeit bewusst. Wenn ihr also einatmet, seid euch dessen vollständig bewusst. *»Ich atme ein und weiß, dass ich einatme.«* Niemand kann euch daran hindern, euer Einatmen zu genießen. Wenn ihr ausatmet, seid euch bewusst: *»Ich atme aus.«* Atmet als freie Menschen.

Für mich ist es ein Wunder, lebendig zu sein – es ist das größte aller Wunder. Zu fühlen, dass wir lebendig sind und einatmen, ist Ausdruck eines Wunders – eines Wunders, das wir in jedem Augenblick erkennen und offenbaren können. Zu fühlen, dass wir lebendig sind und einen Schritt gehen, ist ein Wunder. Meister Linchi, ein berühmter Meditationslehrer, der im neunten Jahrhundert lebte, sagte einmal, das Wunder bestehe nicht darin, auf Wasser gehen zu können, sondern auf der Erde.

Obwohl wir alle auf der Erde gehen, gibt es doch viele, die wie Sklaven gehen, jeglicher Freiheit bar. Weil sie sich von der Zukunft oder der Vergangenheit vereinnahmen lassen, sind sie nicht fähig, vollständig bewusst im Hier und Jetzt zu sein, dort, wo sich das wirkliche Leben ereignet. Solange wir uns in unserem alltäglichen Leben unseren Sorgen, unserer Verzweiflung, unserem Bedauern über Vergangenes oder unseren Zukunftsängsten überantworten, sind wir keine freien Menschen, sind wir nicht imstande, uns im Hier und Jetzt zu verwirklichen.

Die Wunder berühren

Dem Buddha, meinem Lehrer, zufolge, kann das wirkliche Leben nur im Hier und Jetzt gefunden und berührt werden. Die Vergangenheit ist bereits entschwunden, und die Zukunft ist noch nicht gekommen. Es gibt für mich nur einen einzigen Moment des Lebens, und das ist der gegenwärtige Moment. Deshalb besteht der erste Schritt für mich immer darin, zum gegenwärtigen Moment zurückzukehren. Dadurch berühre ich das Leben sehr intensiv. Mein Einatmen ist Leben, und mein Ausatmen ist Leben. Jeder Schritt, den ich gehe, ist Leben. Die Luft, die ich atme, ist Leben. Ich kann den blauen Himmel und die Pflanzen auf der Erde sehen. Ich kann die Klänge der Vögel und die Klänge eines anderen menschlichen Wesens hören. Wenn wir zum Hier und Jetzt zurückkehren, können wir mit den vielen wunderbaren Manifestationen des Lebens wirklich in Berührung sein.

Viele von uns glauben, Glücklichsein im gegenwärtigen Moment sei nicht möglich, und meinen, es müssten erst noch einige zusätzliche Bedingungen vorhanden sein, damit wir wirklich glücklich sein können. Aus diesem Grund lassen wir uns von der Zukunft vereinnahmen und sind nicht imstande, im Hier und Jetzt wirklich präsent zu sein. Deshalb stolpern wir an so vielen Wundern des Lebens einfach blind vorbei. Wenn wir immer nur hastig der Zukunft entgegenflüchten, können wir mit den vielen Wundern des Lebens nicht in Berührung sein – wir können nicht im gegenwärtigen Moment sein, in dem Heilung möglich ist, tief greifende Veränderung und Freude.

Wir sind ein Wunder

Wenn ich eine Orange esse, kann ich dies in einer meditativen Weise tun. Ich halte die Orange in meiner Handfläche und schaue sie zunächst achtsam an. Ich nehme mir viel Zeit dafür, die Orange in Achtsamkeit anzuschauen. »*Während ich einatme, halte ich eine Orange in meiner Hand. Während ich ausatme, lächle ich der Orange zu.*«

Eine Orange ist für mich nichts geringeres als ein Wunder. Es mag Tage geben, an denen wir uns wertlos fühlen. Aber auch wir sind nichts geringeres als ein Wunder. Allein die Tatsache, dass wir hier sind, lebendig und dazu fähig, ein- und auszuatmen – ist Beweis genug, dass wir ein Wunder sind. In einer Bohne ist das gesamte Weltall enthalten – Sonnenschein, Regen, die ganze Erde, Zeit, Raum und Bewusstsein. Und auch jeder und jede von uns enthält das gesamte Weltall in sich.

In jeder einzelnen Zelle unseres Körpers ist das Himmelreich Gottes, das reine Land des Buddha, enthalten. Wenn wir das Leben wirklich zu berühren wissen, wird sich das Reich Gottes hier und jetzt für uns offenbaren, und mit jedem Schritt, den wir gehen, durchdringen wir dieses Reich. Wir müssen nicht erst sterben, um in das Reich Gottes eintreten zu können – in Wahrheit müssen wir dazu sehr lebendig sein. Auch die Hölle ist in jeder Zelle unseres Körpers enthalten, doch wir verfügen über die Freiheit, uns zu entscheiden. Wenn wir tagtäglich den Samen der Hölle in uns nähren und ihm ermöglichen, Wurzeln zu schlagen, wird die Hölle zur ständigen Wirklichkeit unseres Lebens werden – vierundzwanzig Stunden eines jeden Tages lang. Wissen wir dagegen, wie wir den Samen vom Himmelreich Gottes pflegen und nähren, wird es zur lebendigen Wirklichkeit in jedem einzelnen Augenblick unseres täglichen Lebens werden. Dies ist meine Erfahrung.

Es gibt für mich keinen Tag, an dem ich mich nicht im Reich Gottes aufhalte. An welchem Ort ich mich auch immer befinden mag, so bin ich doch stets in der Lage, achtsam zu gehen – und der Boden unter meinen Füßen ist immer das reine Land des Buddha oder das Himmelreich Gottes. Niemand kann mir das Reich Gottes nehmen. Es existiert für mich immer jetzt – oder niemals. Es befindet sich nicht in Zeit oder Raum, sondern in unseren Herzen. Wenn wir in achtsamer Weise gehen, berühren wir die Erde mit einem Gefühl tiefer Ehrfurcht, so als berührten wir ein Wunder.

Wenn wir zum Hier und Jetzt zurückzukehren wissen und wenn wir wissen, wie wir das Himmelreich Gottes in jeder Zelle unseres Körpers berühren, wird es sich uns unmittelbar im Hier und Jetzt offenbaren.

Freiheit ist jetzt möglich

Um das Reich Gottes berühren zu können, brauchen wir nur ein wenig Schulung und einen Freund oder eine Freundin – einen Bruder oder eine Schwester, dessen oder deren eigene Praxis uns ermutigt und unterstützt. Sehen wir einen Menschen achtsam gehen und dabei jeden einzelnen Schritt genießen, fühlen wir uns motiviert, zu uns selbst zurückzukehren und Gleiches zu versuchen. Ein Gefängnisinsasse schrieb mir, dass er meine Bücher gelesen und daraus gelernt habe, Gehmeditation zu praktizieren. Er berichtete mir, dass er die Treppen stets in achtsamer Weise hinauf- oder hinabsteigt und dabei jeden einzelnen Schritt genießt. Seitdem er diese Übung aufgenommen hat, ist, so versicherte er, sein ganzes Leben viel angenehmer, viel erfreulicher geworden. Wenn er andere sieht, die völlig achtlos die Treppen hinauf- oder hinabhasten – ohne Kraft oder Haltung, ohne Ruhe oder Freude –, wünscht er sich, sie könnten zusammen mit ihm lernen, die Gehmeditation zu praktizieren, denn jeder einzelne Schritt, den er geht, nährt, kräftigt und verwandelt ihn.

Geht als freie Menschen. Geht in einer Weise, die euch mit jedem Schritt zu mehr Würde, Freiheit und Festigkeit führt – und die Energien von Freude und Mitgefühl werden in euren Herzen geboren. Ihr werdet erkennen, dass andere Menschen nicht auf diese Weise gehen, weil sie von ihrer Wut, ihrer Angst und ihrer Verzweiflung beherrscht werden. Dies motiviert euch vielleicht, ihnen zu helfen, wie auch sie im gegenwärtigen Augenblick leben, wie auch sie als freie Menschen sitzen und gehen können. Ein Mensch, der einfach durch die Weise, wie er sitzt, geht, isst und atmet, seine innere Freiheit zum Ausdruck bringt, kann einen enormen Einfluss auf seine gesamte Umgebung haben.

Als ich vor vielen Jahren in der westlichen Welt ankam, war ich nur ein einzelner Mensch. Ich war auf der Suche nach einem Weg, die Zerstörung menschlichen Lebens in meinem Heimatland zu beenden. Zu jener Zeit praktizierte ich bereits die Übung der Achtsamkeit. Wo immer ich ging, übte ich achtsames Gehen und Atmen, um so der Praxis einen Körper zu verleihen. Nachdem ich hier erste Freundschaften schließen konnte, kamen immer mehr Menschen hinzu, die gemeinsam mit mir für ein Ende der furchtbaren Gewaltakte in Vietnam eintreten wollten. Mittlerweile habe ich

Zehntausende guter Freunde auf der ganzen Welt, die überall die Übung der Achtsamkeit praktizieren. Diejenigen Menschen, die tagtäglich üben, konnten dadurch ihr gesamtes Leben tief greifend verändern und ihre Fähigkeit zu Mitgefühl und Verstehen entwickeln. Und schließlich wurden sie fähig, auch das Leiden der Menschen in ihrer Umgebung verringern zu helfen.

Gehen als freie Menschen

Als ich heute morgen das Gefängnisgelände betrat, ging ich in großer Achtsamkeit. Ich bemerkte, dass die Luft hier drinnen genau die gleiche Beschaffenheit hat wie die Luft außerhalb dieser Anstalt. Als ich in den Himmel aufblickte, konnte ich sehen, dass es kein anderer Himmel ist wie der Himmel außerhalb. Als ich das Gras und die Blumen anschaute, sahen auch sie genau so wie das Gras und die Blumen draußen aus. Jeder Schritt, den ich ging, vermittelte mir die gleiche Erfahrung von Stärke und Freiheit, wie ich sie auch draußen erlebe. Nichts kann uns daran hindern, erfolgreich zu üben und Freiheit und Stärke für uns selbst zu entwickeln.

Wenn ihr geht, atmet ein und während ihr dabei zwei oder drei Schritte macht, ruft leise den Namen eines Menschen, den ihr liebt, eines Menschen, der euch ein Gefühl von Lebendigkeit, Mitgefühl und Liebe vermittelt. Ruft seinen Namen mit jedem Schritt. Nehmen wir zum Beispiel an, dass ich den Namen David rufe. Während des Einatmens gehe ich zwei Schritte und rufe dabei leise:

»David, David.« Während ich seinen Namen spreche, ist David hier bei mir. Ich gehe in Frieden und Freiheit, so dass zur gleichen Zeit auch David mit mir gemeinsam in Frieden und Freiheit gehen kann. Während des Ausatmens mache ich zwei weitere Schritte und sage: *»Hier bin ich, hier bin ich.«* So ist nicht nur David für mich da, ich bin zur gleichen Zeit auch für ihn da. *»David, David. Hier bin ich. Hier bin ich.«* Ich bin vollständig auf den Akt des Gehens und Atmens konzentriert. Mein Geist beschäftigt sich mit nichts anderem.

Ihr könnt auch die Erde anrufen: *»Erde, Erde. Hier bin ich. Hier bin ich.«* Die Erde ist unsere Mutter, und sie ist immer für uns da. Sie hat uns hervorgebracht, uns unser Leben geschenkt, und sie wird uns wieder empfangen, um uns, unzählige Male, wieder und wieder ins Leben zurückzubringen. Wenn ich also *»Erde«* sage, rufe ich meine Bewusstheit an, die Grundlage meines Seins. *»Hier bin ich. Hier bin ich.«* Führt diese Übung einige Wochen oder Monate lang durch, und ihr werdet euch zunehmend besser fühlen.

Unsere Praxis besteht darin, mit solchen Elementen in uns Kontakt aufzunehmen, die wundervolle Energien verkörpern – Energien, die uns beleben, aufbauen und heilen. Ohne Achtsamkeit in unserm alltäglichen Leben neigen wir in leichtfertiger Weise dazu, vielen Elementen Einlass zu gewähren, die unserem Körper und unserem Bewusstsein Schaden zufügen. Der Buddha erklärte, dass nichts ohne Nahrung überlebt. Ebenso wenig, wie unsere Freude ohne Nahrung überleben kann, sind unser Kummer und unsere Verzweiflung dazu imstande, ohne Nahrung zu überleben.

Wenn wir Verzweiflung in uns spüren, haben wir zuvor unsere Verzweiflung mit der Art von Nahrung gefüttert, die sie zum Wachsen und Gedeihen benötigt. Fühlen wir uns sehr niedergeschlagen, rät der Buddha uns dazu, tief in die Natur unserer Traurigkeit hineinzublicken und die Art von Nahrung auszumachen, mit der wir sie für gewöhnlich füttern. Sobald wir ihren Ursprung, ihre Quelle, sicher identifiziert haben, sollten wir einfach unsere Verbindung zu dieser Quelle abtrennen. Dann werden sich unsere Traurigkeit und Niedergeschlagenheit in ein oder zwei Wochen aufgelöst haben.

Ohne Achtsamkeit in unserem alltäglichen Leben nähren wir unsere Wut und Verzweiflung, indem wir allzu oft solchen Dingen Zuwendung schenken, sie anschauen oder ihnen zuhören, die hochgradig giftig für uns sind. Täglich konsumieren wir die verschiedensten Giftstoffe – was wir uns beispielsweise im Fernsehen anschauen oder in Unterhaltungszeitschriften lesen, kann unserer Wut und Verzweiflung Nahrung zuführen. Wenn wir jedoch achtsam ein- und ausatmen und erkennen, dass diese Dinge keinerlei positiven Wert für uns haben und dass sie deshalb nicht zu den Dingen zählen, die wir konsumieren sollten, dann können wir einfach damit aufhören, sie weiter zu konsumieren. In Achtsamkeit zu leben bedeutet, dass wir aufhören, derartige Gifte zu uns zu nehmen. Stattdessen entscheiden wir uns dafür, mit allem in Berührung zu sein, was wundervoll, aufbauend und heilend in uns selbst und in unserer Umgebung wirkt.

Wundervoller Augenblick

Ich kenne eine Atemübung, die ich gerne mit euch teilen möchte. Diese Übung kann euch in schwierigen Momenten helfen, euch von euren inneren Spannungen zu befreien.

Während ich einatme, bin ich mir bewusst:
Ich atme ein.
Während ich ausatme, bin ich mir bewusst:
Ich atme aus.
Während ich einatme, spüre ich:
Mein Einatmen wird tiefer.
Während ich ausatme, spüre ich:
Mein Ausatmen wird länger.
Während ich einatme, beruhige ich mich;
während ich ausatme, fühle ich mich erleichtert.
Während ich einatme, lächle ich,
während ich ausatme, lasse ich los.
Während ich einatme, verweile ich
im gegenwärtigen Augenblick.
Während ich ausatme, fühle ich:
Dies ist ein wundervoller Augenblick.

Diese Verse lassen sich in folgender Weise zusammenfassen:

Ein, aus; tief, lang;
Ruhe, Leichtigkeit; lächeln, loslassen;
gegenwärtiger Augenblick,
wundervoller Augenblick.

Wir beginnen mit *»ein, aus.«* Während wir einatmen, sagen wir im Stillen *»ein«* und nähren damit unsere Bewusstheit für den Akt des Einatmens. Während wir ausatmen, sagen wir »aus« und sind uns des Ausatmens bewusst. Jedes Wort dient uns als Wegweiser, hilft uns dabei, zu unserem Atem, zum gegenwärtigen Augenblick, zurückzufinden. Wir wiederholen *»ein, aus«*, so lange, bis unsere Konzentration uns zu einem stabilen Zustand inneren Friedens geführt hat.

Dann sagen wir *»tief«* mit dem nächsten Einatmen und *»lang«* mit dem nächsten Ausatmen. Wenn wir bewusst atmen, wird unser Atem tiefer und länger, friedlicher und genussvoller. Wir fahren fort zu atmen, *»tief, lang, tief, lang«*, bis wir schließlich zur nächsten Phase übergehen: *»Ruhe, Leichtigkeit.«*

»Ruhe« bedeutet hier, dass wir unseren Körper zur Ruhe kommen lassen, dass wir unserem Körper

Frieden verschaffen. Beim Einatmen geben wir unserem Körper das Element Ruhe. Wenn ein bestimmtes Gefühl uns in eine weniger friedliche Stimmung versetzt hat, bedeutet Beruhigung, dieses Gefühl zu besänftigen. Während wir einatmen, beruhigen wir unsere Gefühle. Während wir ausatmen, sagen wir *»Leichtigkeit«*, was leicht und entspannt bedeutet – das Gefühl, dass nichts wichtiger als unser Wohlergehen in diesem Augenblick ist.

Wenn wir Ruhe und Leichtigkeit erfahren haben, gehen wir zu *»lächeln, loslassen«* über. Selbst wenn wir in diesem Moment keine besondere Freude empfinden, können wir dennoch lächeln. Indem wir einfach lächeln, treten die Energien von Frieden und Freude hervor, und unsere inneren Spannungen beginnen sich aufzulösen. Während wir ausatmen, sagen wir *»loslassen«*. Wir erkennen, was unser Leiden verursacht hat – sei es eine Vorstellung, sei es Angst, Sorge oder Wut.

Schließlich kehren wir wieder zurück zum gegenwärtigen Augenblick: *»Gegenwärtiger Augenblick, wundervoller Augenblick. Während ich einatme, verweile ich im gegenwärtigen Augenblick. Während ich ausatme, fühle ich: Dies ist ein wundervoller Augenblick.«* Erinnern wir uns der Worte des Buddha, dass der gegenwärtige Moment der einzige Moment ist, der uns mit dem Leben in

Berührung bringen kann. Um also das Leben intensiv zu berühren, müssen wir zum gegenwärtigen Augenblick zurückkehren.

Unser Atem ist eine Brücke, die unseren Körper und unseren Geist verbindet. In unserem alltäglichen Leben kommt es möglicherweise oft vor, dass während unser Körper sich an einem bestimmten Ort befindet, unser Geist, unser Bewusstsein, an einem ganz anderen weilt – in der Vergangenheit oder in der Zukunft. Dies ist ein Zustand der Ablenkung oder Zerstreutheit. Unser Atem ist das direkte Verbindungsglied zwischen unserem Körper und unserem Bewusstsein. Sobald wir beginnen, in achtsamer Weise ein- und auszuatmen, wird unser Körper in einem einzigen kurzen Augenblick wieder zu seiner ursprünglichen Verbundenheit mit unserem Bewusstsein zurückfinden. Umgekehrt betrachtet, kehrt unser Geist zur Einheit mit unserem Körper zurück. Die Übung des achtsamen Atmens befähigt uns, die ursprüngliche Einheit von Körper und Geist zu erkennen und vollständig präsent und vollständig lebendig im Hier und Jetzt zu sein. Wir werden mit dem Leben in intensiver Berührung sein, vollständig bewusst im gegenwärtigen Augenblick. Jede und jeder ist dazu fähig.

Lächeln als Übung

Bei der Übung *»Während ich einatme, lächle ich«*, fragt ihr euch vielleicht: Warum sollte ich lächeln, wenn doch keine Freude in mir ist? Die Antwort ist: Lächeln ist eine Übung. In unserem Gesicht gibt es mehr als dreihundert Muskeln. Wenn ihr wütend oder ängstlich seid, spannen sich diese Muskeln an. Die Anspannung dieser Muskeln ruft ein Gefühl von Ernst und Starrheit hervor. Wenn ihr aber wisst, wie ihr einatmet, und dabei ein Lächeln hervorbringt, werdet ihr diese Verkrampfung auflösen können – dies ist die Übung, die ich »Mund-Yoga« nenne. Macht Lächeln zu einer Übung. Atmet ein und lächelt einfach – die Anspannung wird verschwinden, und ihr werdet euch wesentlich besser fühlen.

Es gibt sicher Momente, da ein Gefühl der Freude euch spontan zum Lächeln bringt. Vielleicht kennt ihr aber auch Momente, da ein Lächeln, das ihr bewusst hervorbringt, innere Entspannung, Ruhe, und Freude zur Folge hat. Ich warte jedenfalls nicht ab, bis ein Gefühl von Freude in mir ein Lächeln hervorruft; Freude mag später kommen. Manchmal, wenn ich nachts allein in meinem Zimmer bin, lächle ich mir selbst zu. Ich tue dies in der Absicht, mir selbst freundliche Zuneigung zu schenken, gut für mich selbst zu sorgen, mich selbst zu lieben. Ich weiß, dass ich nicht wirklich fähig bin, für irgendjemand anderen zu sorgen, wenn ich nicht fähig bin, für mich selbst zu sorgen.

Uns selbst Mitgefühl zu schenken ist eine sehr wichtige Übung. Wenn wir müde, wütend oder verzweifelt sind, sollten wir wissen, wie wir zu uns selbst zurückfinden und wie wir sorgsam mit unserer Müdigkeit, unserer Wut und Verzweiflung umgehen können. Das ist der Grund, warum wir Lächeln, achtsames Gehen, Atmen und Essen üben.

Dankbarkeit befreit uns von Leiden

Ich habe den Eindruck, dass die Menschen im Westen – obwohl es hier sehr viel zu essen gibt, sehr viele verschiedene Nahrungsmittel zur Verfügung stehen – sich doch sehr wenig Zeit für das Essen nehmen.

Gutes Essen kann uns viel Freude vermitteln; und wir müssen gar nicht so viel davon zu uns nehmen, um uns gesund und wohl zu erhalten.

Wenn ich zu essen beginne – ob mit Stäbchen oder mit einer Gabel – nehme ich mir zunächst die Zeit, die Speise einen Augenblick lang achtsam anzuschauen. Der Bruchteil einer Sekunde reicht für mich aus, um die Speise zu identifizieren. Vollständig bewusst im gegenwärtigen Augenblick, kann ich sie unmittelbar erkennen – sei sie eine Möhre, eine Bohne oder Brot. Ich lächle sie an, stecke sie in meinen Mund und kaue sie im vollständigen Gewahrsein dessen, was ich da esse. Ich kaue mein Essen in einer Weise, die Leben, Freude, Stärke und Furchtlosigkeit ermöglicht. Nach etwa zwanzig Minuten des Essens fühle ich mich genährt und gesättigt – nicht nur körperlich, sondern auch geistig und spirituell. Dies ist eine sehr, sehr intensive Übung.

In Plum Village nehmen wir uns viel Zeit für das Essen. Wir essen als Gemeinschaft. Jeder sitzt in einer anmutigen Weise, und wir warten alle aufeinander, um gemeinsam mit dem Essen zu beginnen. Wenn ein Bruder oder eine Schwester an unserer linken oder rechten Seite in Achtsamkeit isst, fühlen wir uns in unserer Übung des achtsamen Essens unterstützt und bestärkt. Zu Beginn jeder Mahlzeit üben wir die Fünf Kontemplationen.

Die Fünf Kontemplationen

Diese Nahrung ist das Geschenk des ganzen Universums, der Erde, des Himmels und vieler mühsamer Arbeit.

Mögen wir in einer Weise essen, dass wir uns dieses Geschenks als würdig erweisen.

Mögen wir unsere unheilsamen Geisteszustände umwandeln und lernen, maßvoll zu essen.

Mögen wir nur solche Nahrung zu uns nehmen, die uns aufbaut und die uns vor Krankheit beschützt.

Wir empfangen diese Nahrung, um den Weg des Verstehens und der Liebe verwirklichen zu können.

Die erste Kontemplation umfasst das Gewahrsein dessen, dass unsere Nahrung direkt von der Erde und vom Himmel zu uns kommt – sie ist ein Geschenk von der Erde, vom Himmel und von den Menschen, die sie zubereiten.

Die zweite Kontemplation beinhaltet, wie wir uns der Nahrung, die wir zu uns nehmen, als würdig erweisen. Das tun wir dadurch, dass wir sie in Achtsamkeit zu uns nehmen – ihrer Gegenwart gewahr sind und dankbar, sie empfangen zu dürfen. Nehmen wir eine Bohne als Beispiel. Die Erde und der Himmel haben viele Monate zusammengewirkt, um sie hervorzubringen. Es ist sehr schade, wenn wir die Bohne anschauen, ohne sie als eine wundervolle Manifestation des Lebens zu erkennen. Die Energie der Achtsamkeit hilft uns, dieses Wunders während des Essens gewahr zu sein. Wir sollten uns nicht in unseren Sorgen, unseren Ängsten oder unserer Wut in der Vergangenheit oder in der Zukunft verlieren. Redlicherweise sollten wir ebenso für die Nahrung da sein, wie die Nahrung für uns da ist. Essen wir in Achtsamkeit, dann erweisen wir uns der Erde und dem Himmel als würdig.

Die dritte Kontemplation besteht darin, uns unserer negativen Neigungen bewusst zu werden und uns nicht von ihnen fortreißen zu lassen. Wir sollten lernen, in maßvoller Weise zu essen; lernen, die rechte Menge an Nahrung zu uns zu nehmen. Bei uns in Plum Village hat jeder seine eigene Essschale, und immer, wenn wir uns selbst bedienen, wissen wir genau, wie viel wir wirklich brauchen. Die Schale, die von einem Mönch oder einer Nonne benutzt wird, bezeichnen wir als »Instrument des rechten Maßes«. Es ist sehr wichtig, dass wir nicht übermäßig essen. Wenn wir langsam essen und sorgfältig kauen, nehmen wir mit Sicherheit reichliche Mengen von Nährstoffen auf. Das rechte Maß an Nahrung ist diejenige Menge, die uns gesund erhält.

Die vierte Kontemplation bezieht sich auf die Qualität unserer Nahrung. Wir sollten darauf achten, nur solche Nahrung zu uns zu nehmen, die keine giftige Wirkung auf unseren Körper und unser Bewusstsein hat. Deshalb versprechen wir einander, ausschließlich solche Nahrungsmittel zu konsumieren, die uns gesund erhalten und unser Mitgefühl stärken, dagegen aber Nahrungsmittel zu meiden, die uns vergiften und die unser Mitgefühl vermindern könnten. Auf diese Weise essen wir achtsam. Wenn wir durch Achtlosigkeit Giftstoffe zu uns nehmen, erklärte der Buddha, wird das Mitgefühl in uns zerstört, gerade so, als wenn wir das Fleisch unseres eigenen Sohnes oder unserer eigenen Tochter verzehren würden. Üben wir also so zu essen, dass unser Mitgefühl lebendig erhalten bleibt.

Die fünfte Kontemplation schärft unser Gewahrsein, dass wir Nahrung empfangen, um zu Erkenntnis gelangen und angemessen handeln zu können. Unser Leben sollte einen Sinn haben, und dieser Sinn besteht darin, anderen Menschen zu helfen, weniger zu leiden – ihnen zu helfen, die Freuden des Lebens zu berühren. Wenn wir die Energie des Mitgefühls in unseren Herzen nähren, wenn wir wissen, wie wir anderen Menschen dabei helfen können, ihr Leiden zu verringern, erhält das Leben eine tiefere Bedeutung. Und dies ist für uns alle sehr wichtig.

Ein einzelner Mensch ist imstande, vielen lebenden Wesen zu helfen. Schwester Chan Khong, meine Mitarbeiterin, hat viele Jahre mit Armen, Waisen und hungernden Menschen gearbeitet. Durch ihre Arbeit konnte sie Tausenden von Menschen dabei helfen, ihr Leiden zu verringern. Dies vermittelt ihr selbst große Freude und gibt ihrem Leben Bedeutung. Wir alle können unserem Leben Bedeutung geben, wo immer wir uns auch befinden. Einem anderen Menschen einige Worte zu widmen, die sein Leiden verringern helfen, schon das kann unserem Leben das Bedeutung verleihen. Und dies ist etwas, was wir überall tun können, wo immer wir uns befinden.

Wenn ihr fähig seid, eurem Leben Bedeutung zu geben, wird Glück zur Wirklichkeit, und ihr werdet hier und jetzt zu einer oder einem *Bodhisattva.* Ein Bodhisattva ist ein Mensch, ein Mann oder eine Frau, der ein mitfühlendes Herz hat und dazu fähig ist, einen anderen Menschen zum Lächeln zu bringen oder sein Leiden zu verringern. Jede und jeder von uns ist dazu imstande.

Mitgefühl als befreiende Kraft

Jeder Augenblick eures täglichen Lebens kann ein Augenblick der Übung sein. Ob ihr auf euer Essen wartet oder euch zur Anwesenheitskontrolle aufstellt, ihr könnt immer achtsam ein- und ausatmen und lächeln. Verschwendet keinen Augenblick eures täglichen Lebens. Jeder Augenblick ist eine Gelegenheit, eure Stärke, euren Frieden und eure Freude zu kultivieren. Und bereits nach einigen Tagen kontinuierlicher Übung werdet ihr feststellen können, dass auch andere Menschen von eurer Gegenwart profitieren. Eure Gegenwart kann die Gegenwart eines Bodhisattva sein, eines Heiligen. Es ist möglich.

Im Alter von etwa sieben Jahren las ich eine so genannte *Jataka*-Geschichte, das bedeutet eine Geschichte über die früheren Leben, die früheren Inkarnationen, des Buddha. Diese Geschichte handelte von einem der früheren Leben des Buddha, das er in der Hölle verbrachte. Der Wärter, der dort die Insassen beaufsichtigte, schien keinerlei Mitgefühl zu haben. Er trug immer eine große Mistgabel mit sich, und jedes Mal, wenn jemand einen Fehler machte, stieß der Wärter ihm die Mistgabel in die Brust. Obwohl die Insassen durch diese Behandlung sehr litten, konnten sie nicht sterben. Dies war ihre Strafe; sie erlitten große Schmerzen, aber sie starben nicht.

Eines Tages wurden die Insassen gezwungen, schwere Lasten auf ihrem Rücken zu schleppen, während der Wärter sie, mit seiner Mistgabel in der Hand, zur Eile antrieb. Die frühere Inkarnation des Buddha sah, dass der Wärter einem Insassen, der aus Erschöpfung nicht mehr mithalten konnte, bereits mit seiner Mistgabel drohte. In diesem Augenblick wurde in dem früheren Leben des Buddha etwas geboren. Spontan wollte er dazwischentreten, obwohl er wusste, dass sich das Folterinstrument des Wärters dann unweigerlich auf ihn selbst richten würde. Hätte dieses Einschreiten seinen eigenen Tod zur Folge gehabt, er hätte ihn bereitwillig hingenommen. Aber die Bestrafung, die er zu erwarten hatte, würde nicht zu seinem Tod führen, sondern nur zu noch mehr Leiden. Trotzdem stellte er sich mutig dem Wärter in den Weg und sprach: »Hast du kein Herz? Warum lässt du ihm nicht die Zeit, die er braucht, um seine Last zu bewegen?« Sowie er diese Worte hörte, stieß der Wärter seine Mistgabel in die Brust der früheren Inkarnation des Buddha, der umgehend starb und erneut als ein menschliches Wesen wiedergeboren wurde.

Die frühere Inkarnation des Buddha brachte den Mut auf, sich zu erheben und dem Wärter direkt ins Auge zu blicken, um so seinem Mitinsassen einen Freundesdienst zu erweisen. Indem er das immense Unrecht wahrnahm, das sich in seiner Umgebung manifestierte als Folge dieses großen Leidens, wurde Mitgefühl in seinem Herzen geboren. Sein tapferes Einschreiten erwuchs aus Mitgefühl, und dieses Mitgefühl war die Ursache, weshalb er sofort starb und als ein menschliches Wesen wiedergeboren wurde. Von diesem Moment an praktizierte die frühere Inkarnation des Buddha die Übung der Achtsamkeit, bis sie schließlich zu einem vollständig erleuchteten Menschen wurde, einem Buddha. Auch der Buddha hat also, in einem seiner früheren Leben, den tiefsten Abgrund des Leidens erfahren. Doch dank des großen Mitgefühls, dass in seinem Herzen geboren wurde, vermochte er sich aus dieser Situation zu befreien.

Auch ich habe schon viele Leiden durchlebt und kann euch aus eigener Erfahrung sagen, dass Mitgefühl euch aus den schwierigsten Situationen zu befreien vermag. Die Energie des Mitgefühls kann uns auch in schwierigsten Situationen einen Ausweg öffnen. Es gab eine Zeit, da wir in der Absicht, den so genannten Boat-People, Kriegsflüchtlingen aus Vietnam, zu helfen, mit Rettungsbooten in den Golf von Siam *(Alter Name für Thailand – Anm. des Übersetzers)* aufbrachen. Die vielen gewaltbereiten Piraten in dieser Region machten diese Arbeit auch für uns selbst sehr gefährlich. Im festen Vertrauen jedoch, dass Mitgefühl und nicht Gewalt das beste Mittel ist, uns selbst zu schützen, hatten wir niemals Waffen an Bord – wir hatten nur Mitgefühl. Nach der Lehre und der Praxis, denen ich vertraue, ist Mitgefühl das beste Mittel, um sich selbst zu schützen.

In unserer buddhistischen Tradition wird diese schützende Energie durch *Avalokiteshvara* verkörpert, den Bodhisattva des tiefen Mitgefühls und des tiefen Zuhörens. Der Bodhisattva kann sich als Frau, Mann, Kind, Politiker oder Sklave manifestieren, doch sein wesentlicher Charakterzug ist immer der gleiche – die Gegenwart von Mitgefühl in seinem oder in ihrem Herzen. Einst manifestierte sich Avalokiteshvara als ein hungriger Geist mit einer furchtbar bitteren Miene. Obwohl er in Wirklichkeit ein sehr mitfühlendes Wesen war, nahm er diese Gestalt eines hungrigen Geistes an, um anderen hungrigen Geistern zu helfen. Weil viele von uns Angst haben, Opfer von Angriffen zu werden, suchen wir vielleicht unser tiefes Bedürfnis, Verständnis und Mitgefühl mit anderen zu teilen, hinter einer »coolen«, einer harten und herzlosen Miene zu verbergen. Doch indem wir so, aus vermeintlichem Selbstschutz, den Ausdruck von Mitgefühl blockieren, vermehren wir sowohl unser eigenes Leiden wie auch das Leiden der Menschen in unserer Umgebung. Wenn wir uns dagegen darum bemühen, mitfühlend zu handeln, können wir jederzeit zu anderen menschlichen Wesen in positiver Weise Verbindung aufnehmen, und ihnen helfen, weniger zu leiden.

Sind wir von der Energie des Mitgefühls erfüllt, leben wir in der sichersten aller Umgebungen. Mitgefühl kann sich in unserem Blick ausdrücken, in der Art, wie wir gehen, sitzen, essen, oder wie wir mit anderen Menschen umgehen. Die Energie des Mitgefühls kann auch ansteckend wirken. Es ist wundervoll, in der Nähe eines Menschen zu sein, der Mitgefühl in seinem Herzen hat. Ist euer Herz voller Mitgefühl, werdet ihr einen echten Freund, eine wahre Freundin oder auch mehrere echte Freunde für euch gewinnen können – denn wir alle brauchen Mitgefühl und Liebe. Zwei Menschen, die einander mit echtem Mitgefühl begegnen, schützen sich nicht nur selbst, sondern auch die Menschen in ihrer Umgebung.

Unsere Übung besteht ganz wesentlich darin, Mitgefühl in unserem täglichen Leben zu kultivieren. Dabei öffnen wir uns erst einem Menschen, dann einem weiteren, und schließlich wird, in der Gegenwart von Mitgefühl, jeder Ort zu einem schönen Ort, an dem wir glücklich leben können. Wenn wir das Element Freude in unseren Körper und in unser Bewusstsein hineinlassen, finden wir gemeinsam Frieden und Glück, genau hier, genau jetzt.

Verstehen ermöglicht Mitgefühl

Verstehen ist der Grundstoff, aus dem wir Mitgefühl herstellen. Von welcher Art von Verstehen spreche ich hier? Es ist das Verstehen, dass auch der andere Mensch leidet. Wenn wir selbst leiden, neigen wir leicht zu dem Glauben, dass wir die Opfer anderer Menschen seien und die einzigen, die leiden. Doch dass ist nicht richtig – der andere Mensch leidet ebenfalls. Auch er hat seine Schwierigkeiten, seine Ängste und Sorgen. Gelingt es uns, den Schmerz in ihm wahrzunehmen, beginnen wir, ihn zu verstehen. Und wenn Verstehen gegenwärtig ist, wird auch Mitgefühl möglich.

Nehmen wir uns in unserem alltäglichen Leben ausreichend Zeit, uns um einen tieferen Einblick in die innere Situation des anderen Menschen zu bemühen? Der andere Mensch mag ein Gefängnisinsasse oder ein Wärter sein. Wenn wir ihn eingehend betrachten, können wir wahrnehmen, dass auch der andere eine große Menge Leiden in sich trägt. Vielleicht weiß er nicht, wie er sein Leiden bewältigen kann. Und weil er es nicht zu bewältigen weiß, lässt er zu, dass sein Leiden wächst, wodurch für ihn und die Menschen in seiner Umgebung weiteres Leiden entsteht. Durch die Übung eingehenden Betrachtens, die Übung der Achtsamkeit, könnt ihr Verstehen entwickeln, und euer Verstehen wird wiederum euer Mitgefühl stärken. Und indem die Energie des Mitgefühls euch hilft, euer eigenes Leiden zu verringern, wächst gleichzeitig eure Motivation, etwas zu tun – oder etwas zu lassen -, was auch das Leiden des anderen Menschen verringern hilft. Allein die Weise, wie ihr ihn anschaut oder ihm zulächelt, hilft ihm vielleicht, weniger zu leiden und ebenfalls in der Energie des Mitgefühls Vertrauen zu finden.

Ich sehe meine Praxis als Übung, Mitgefühl zu entwickeln. Ich weiß aber auch, dass Mitgefühl nicht ohne Verstehen möglich ist. Und Verstehen ist nur möglich, wenn wir uns Zeit nehmen, alles tief und eingehend zu betrachten. Meditation bedeutet, intensiv zu schauen, um verstehen zu können. In dem Kloster, in dem ich lebe, steht uns viel Zeit für die Arbeit des intensiven Schauens zur Verfügung. Doch auch in einer Haftanstalt gibt es viel Zeit und viele Gelegenheiten, intensives Schauen zu üben. Sie ist sogar eine sehr gute Umgebung, um intensives Schauen zu üben, so dass Mitgefühl als eine befreiende Kraft wachsen kann. Wenn nur einer, vielleicht aber auch zehn oder zwanzig von euch, mitfühlendes Schauen übt, bin ich mir sicher, dass ihr diesen Ort im Handumdrehen tief greifend verwandeln könnt. Ihr könnt das Paradies hierher bringen, es hier manifestieren, genau hier.

Für mich ist das Paradies ein Ort, an dem Mitgefühl gegenwärtig ist. Wenn Mitgefühl in euren Herzen ist, braucht ihr nur ein- und auszuatmen und intensiv zu schauen, um Verstehen herbeizuführen. Ihr werdet zunächst euch selbst verstehen können und euch selbst mit Mitgefühl begegnen – ihr werdet wissen, wie ihr euer eigenes Leiden bewältigen und gut für euch selbst sorgen könnt. Dann werdet ihr dieses Wissen auch einem anderen Menschen vermitteln können, und die Energie des Mitgefühls wird zwischen euch wachsen und erstarken. Auf diese Weise werdet ihr zu einem Buddha, einem Bodhisattva, der Mitgefühl in seine Umgebung hineinbringt und die Hölle in ein Paradies verwandelt. Das Himmelreich Gottes existiert jetzt oder niemals. Dies ist die grundlegende Wahrheit. Und es könnte sein, dass ihr hier drinnen über mehr Gelegenheiten verfügt, erfolgreich zu üben, als viele andere Menschen sie an anderen Orten haben.

Die Kunst, einem Sturm standzuhalten

Wenn ein Sturm aufkommt, bleibt er eine Weile und verzieht sich dann wieder. Gefühle oder Emotionen verhalten sich ebenso – sie kommen und bleiben für eine gewisse Zeit, um irgendwann wieder zu verschwinden. Ein Gefühl ist nichts weiter als ein Gefühl. Wir sterben nicht aufgrund eines Gefühls – wir sind viel, viel mehr als nur ein Gefühl. Wenn ihr spürt, dass ein starkes Gefühl in euch aufkommt, solltet ihr euch zunächst in eine stabile Sitzposition begeben oder euch hinlegen, was ebenfalls eine sehr stabile Position ist. Dann konzentriert ihr eure Aufmerksamkeit auf den Bauch. Euer Kopf ist jetzt einem Baumwipfel inmitten eines Sturms vergleichbar – hier solltet ihr besser nicht verweilen. Lenkt stattdessen eure Konzentration nach unten, zum Stamm des Baumes, zu einem Bereich, wo ihr Stabilität und Sicherheit wahrnehmen könnt.

Wenn ihr auf euren Bauch konzentriert seid, solltet ihr eure Aufmerksamkeit auf den Bereich direkt unterhalb des Nabels lenken und beginnen, achtsam zu atmen. Während ihr tief ein- und ausatmet, seid des Hebens und Senkens eurer Bauchdecke gewahr. Nachdem ihr dies für zehn, fünfzehn oder zwanzig Minuten geübt habt, werdet ihr eine große Stärke in euch wahrnehmen können – die Stärke, dem Sturm standhalten zu können. Bleibt in dieser sitzenden oder liegenden Position einfach in einer Weise auf euren Atem konzentriert, wie sich ein Mensch, der allein auf offener See treibt, an seinem Rettungsring festhalten würde. Nach einer Weile wird das Gefühl sich aufgelöst haben.

Dies ist eine sehr wirksame Übung, doch bitte ruft euch folgendes in Erinnerung: Ihr solltet nicht abwarten, bis ein starkes Gefühl aufkommt, um erst dann mit der Übung zu beginnen. Denn dann werdet ihr euch wahrscheinlich nicht mehr entsinnen, wie ihr richtig üben könnt. Deshalb solltet ihr jetzt mit dem Üben beginnen, heute, während ihr euch klar fühlt – und noch nicht von starken Gefühlen aufgewühlt seid. Jetzt ist also genau der richtige Zeitpunkt, damit zu beginnen. Ihr solltet, wenn möglich, wenigstens zehn Minuten täglich üben. Nehmt eine stabile Sitzhaltung ein und atmet achtsam ein und aus, während ihr eure Aufmerksamkeit auf euren Unterbauch konzentriert. Wenn ihr dies drei Wochen, also einundzwanzig

Tage, praktiziert habt, wird es euch bereits zu einer Gewohnheit geworden sein. Wenn dann plötzlich Wut aufsteigt oder Verzweiflung euch zu überwältigen droht, werdet ihr euch an die Übung erinnern. Und sobald ihr damit erste Erfolge erleben könnt, werdet ihr Vertrauen in die Übung entwickeln und fähig sein, euren Gefühlen zu sagen: »Nun – falls ihr wiederkommen solltet, werde auch ich wieder genau das Gleiche tun.« Ihr werdet keine Angst mehr vor diesen heftigen Gefühlen haben, da ihr nun wisst, was ihr tun könnt.

Praktiziert möglichst regelmäßig – sobald euch die Übung zur Gewohnheit geworden ist, werdet ihr das Gefühl haben, es fehle euch etwas, wenn ihr sie einmal nicht macht. Sie wird euch zunehmend Wohlbefinden und Stärke vermitteln. Auch auf eure körperliche Konstitution und eure Gesundheit wird sie sich sehr günstig auswirken. Es ist das beste, was ihr selbst tun könnt, um euch zu schützen. Ich bin davon überzeugt, dass die Energie der Achtsamkeit die Energie des Buddha ist, die Energie Gottes, des Heiligen Geistes, die in uns ist, um uns alle Zeit zu beschützen. Wann immer wir den Samen der Achtsamkeit berühren und achtsames Atmen üben, ist die Energie Gottes, die Energie des Buddha, für uns da, um uns zu beschützen.

Wenn ihr einige Erfahrung mit dieser Übung

gesammelt habt, verspürt ihr vielleicht den Wunsch, einem Freund, einer Verwandten oder euren Kindern, falls ihr welche habt, davon zu erzählen. Ich kenne Mütter, die gemeinsam mit ihren Kindern üben. Sie nehmen ihr Kind bei der Hand und sagen: »Liebling, atme mit mir. Während ich einatme, spüre ich, dass mein Bauch sich wölbt. Während ich ausatme, spüre ich, dass mein Bauch wieder einsinkt.« Indem die Mutter gemeinsam mit ihrem Kind achtsames Atmen übt, lernt auch das Kind, wie es mit seinen Gefühlen umgehen kann, wie es seine Gefühle bewältigen kann.

Durch diese Übung werdet ihr die Energie der Stärke, der Stabilität und Sicherheit herbeirufen können und dann auch fähig sein, die Hand eines anderen Menschen zu halten und ihm die Energie eurer Stärke zu übermitteln. Ihr könnt ihm helfen, einen Ausweg aus seinen Schwierigkeiten zu finden, sich aus dem Auge des Sturms zu befreien; möglicherweise wird auf diese Weise sogar ein menschliches Leben gerettet. So viele junge Menschen wissen heutzutage nicht, wie sie ihre Gefühle, ihre Emotionen, bewältigen können – die Zahl der Menschen, die Selbstmord begehen, ist enorm hoch. Die hier beschriebene Übung ist einfach, aber sehr wirkungsvoll.

Unseren Gewohnheitsenergien zulächeln

Es gibt eine starke Energie in uns allen, die wir Gewohnheitsenergie nennen können. Der Sanskritausdruck dafür ist *Vasana.* Jeder von uns hat Gewohnheitsenergien in sich, die uns immer wieder dazu treiben, Dinge zu sagen oder zu tun, die wir eigentlich nicht sagen oder tun wollen. Daher können diese Gewohnheitsenergien sowohl uns selbst wie auch unseren Beziehungen zu anderen Menschen großen Schaden zufügen. Obwohl wir uns verstandesmäßig darüber im Klaren sind, dass eine bestimmte Äußerung oder eine bestimmte Handlung viel Leiden bewirken wird, sagen oder tun wir solche Dinge dennoch. Und sobald diese Dinge gesagt oder getan sind, ist der Schaden schon da. Dann bereuen wir, schlagen uns auf die Brust, raufen uns das Haar und beteuern: »Ich werde so etwas nie wieder sagen oder tun.« Doch obwohl wir diesen Vorsatz ganz aufrichtig aussprechen, werden wir das nächste Mal, wenn sich die entsprechende Situation wiederholt, doch wieder das Gleiche sagen und tun. Dies ist die

Macht der Gewohnheitsenergie, die uns vielleicht durch unsere Eltern und Vorfahren übertragen wurde.

Achtsames Atmen kann euch helfen, Gewohnheitsenergien zu erkennen, sobald sie sich zu manifestieren beginnen. Ihr müsst diese Energien nicht bekämpfen; es reicht völlig, wenn ihr sie als die euren erkennt und ihnen zulächelt. »Hallo, meine Gewohnheitsenergie. Ich weiß, dass du da bist, aber du kannst mir nichts anhaben.« Lächelt ihr zu, und ihr seid frei. Dies ist ein wunderbarer Schutz. Ich versichere euch noch einmal, dass Achtsamkeit die Energie Gottes ist, die Energie des Buddha, die uns immer beschützt.

Damit die Energie der Achtsamkeit ihre wunderbare Wirkung für uns entfalten kann, ist es sehr wichtig, dass wir die Übung des achtsames Gehens und des achtsamen Atmens täglich praktizieren. Wenn die Gewohnheitsenergie sich zu manifestieren beginnt, fahrt fort zu atmen, erkennt sie und sagt ihr: »Hallo, meine Gewohnheitsenergie. Ich weiß, dass du da bist, aber ich bin frei. Du kannst mich nicht wieder dazu treiben, bestimmte Dinge zu sagen und zu tun.« Auf diese Weise eignet ihr euch ein ganz neues Reaktionsmuster an – ihr erzeugt eine positive Gewohnheitsenergie, welche die negative Gewohnheitsenergie ersetzen wird.

Unsere Beziehungen mit anderen Menschen sind für unser Wohlbefinden, für unser Glücklichsein entscheidend. Manchmal behandeln wir andere oder uns selbst sehr schlecht, weil wir uns von negativer Gewohnheitsenergie beherrschen lassen. Doch wir sollten uns selbst immer mit Achtung, Wohlwollen und Mitgefühl begegnen. Dies ist sehr wichtig. Wenn wir wissen, wie wir unserem eigenen Körper und Geist mit Achtung begegnen, werden wir auch fähig, anderen Menschen mit ebensolcher Achtung entgegenzutreten. Und dies ist der einzige Weg, wie wir Frieden, Freiheit und Glück in der Welt verwirklichen können. Jede und jeder von uns ist fähig, in solcher Weise zu handeln. Wir brauchen nur ein wenig Schulung. Sehr förderlich ist es, Freunde zu haben, mit denen wir gemeinsam praktizieren können. In einer Gemeinschaft, einer Sangha, kann jeder den anderen in der Übung unterstützen, die Energie namens Achtsamkeit zu entwickeln – Achtsamkeit während des Gehens, Achtsamkeit während des Atmens und Achtsamkeit während des Essens.

Wir können jeden Augenblick unseres täglichen Lebens als Gelegenheit nutzen, Achtsamkeit zu kultivieren – die Energie des Buddha, des Heiligen Geistes. Wo auch immer der Heilige Geist sich befindet, da sind Verstehen, Versöhnung und Mitgefühl gegenwärtig. Die Energie der Achtsamkeit weist die gleiche Qualität auf. Wenn wir wissen, wie wir diese Energie erzeugen können, werden wir wahrhaft präsent und wahrhaft lebendig und zu wahrem Verstehen fähig sein. Verstehen läßt uns mitfühlend werden, und das wird alles verändern.

Fragen und Antworten

Wenn ihr zur täglichen Übung der Achtsamkeit noch Fragen habt, würde ich mich sehr freuen, sie jetzt beantworten zu können.

FRAGE: Sind Sie jemals außer sich vor Wut gewesen? Wann sind Sie zum letzten Mal wütend geworden?

ANTWORT: Als ein menschliches Wesen habe ich den Samen der Wut in mir, doch mit Hilfe der Übung bin ich imstande, meine Wut zu bewältigen. Wenn sich Wut in mir manifestiert, weiß ich, wie ich sorgsam mit ihr umgehen kann. Ich bin kein Heiliger – doch weil ich weiß, wie ich üben kann, bin ich nicht länger ein Opfer meiner Wut.

FRAGE: Wie lange dauert es, bis sich in der Übung Erfolg zeigt?

ANTWORT: Dies ist keine Frage von Dauer. Wenn ihr in der richtigen Weise und mit Freude übt, könnt ihr schnell Erfolge erreichen. Wenn ihr zwar viel Zeit investiert, aber nicht in der richtigen Weise übt, erreicht ihr vielleicht gar nichts. Nehmen wir das achtsame Atmen als Beispiel. Wenn ihr richtig übt, kann euch schon das erste Einatmen eine gewisse Erleichterung und Freude vermitteln. Aber wenn ihr nicht in der richtigen Weise übt, werden auch drei oder vier Stunden nicht zur gewünschten Wirkung führen. Freunde zu haben, Menschen, mit denen ihr eure Praxis teilen, mit denen ihr gemeinsam üben könnt, ist in jedem Fall sehr hilfreich.

Aber natürlich könnt ihr auch allein üben. Wenn ihr einatmet, atmet ganz natürlich. Konzentriert eure ganze Aufmerksamkeit auf das Einatmen. Atmet ihr aus, so tut auch das in natürlicher Weise. Seid einfach eures Ausatmens gewahr; versucht nicht, es zu beeinflussen, oder gar, etwas zu erzwingen. Wenn ihr natürlich ein- und ausatmet und dabei einfach eures Atems gewahr seid, werdet ihr schon nach fünfzehn oder zwanzig Sekunden eine Besserung verspüren können. Ihr werdet beginnen, das Ein- und Ausatmen zu genießen.

Während eines Retreats, das wir in Montreal, Kanada, abhielten, sprach mich nach der ersten Übungsperiode, in der wir Gehmeditation praktiziert hatten, eine Frau an und fragte: »Thay, würden Sie mir die Erlaubnis geben, die Übung der Gehmeditation mit anderen Menschen zu teilen?« In den gesamten sieben Jahren, seit sie in dieses Land gekommen war, hatte sie nicht vermocht, in solch großer Ruhe und Klarheit, solch innerem Frieden zu gehen, wie sie dies bei ihrer ersten Gehmeditation während des Retreats erlebte. Sie hatte diese Erfahrung als so heilsam, so aufbauend empfunden, dass der Wunsch in ihr aufkam, die Übung des achtsamen Gehens mit ihren Freundinnen und Freunden zu teilen. Ich sagte nur: »Warum nicht?« Diese Frau ist der Beweis, dass ein Mensch durch bereits eine Stunde Gehmeditation zu einem gewissen Maß an innerer Befreiung und Freude finden kann. Doch wir können dies nicht in Zeiteinheiten messen. Ob ihr nun achtsames Atmen, achtsames Gehen, achtsames Essen oder achtsames Arbeiten übt – wenn ihr die Wirkung unmittelbar fühlen könnt und fähig seid, die Übung zu genießen – dann übt ihr in der richtigen Weise.

FRAGE: Wie viel Zeit sollte ich für die Übung aufbringen?

ANTWORT: Die Art von Übung, die ich euch nahe lege, kann zu jeder Zeit praktiziert werden. Wenn ihr von einem Ort zu einem anderen geht, könnt ihr die Methode des achtsamen Gehens anwenden. Während eurer Arbeitszeit könnt ihr achtsames Arbeiten üben. Wenn ihr euer Mittagessen einnehmt, könnt ihr achtsames Essen üben. Ihr braucht keine bestimmten Zeiten für die Übung festzulegen; ihr könnt sie zu jeder Tageszeit praktizieren.

Falls ihr eure Praxis aber vertiefen wollt, solltet ihr euch dafür extra Zeit einräumen – zum Beispiel, indem ihr eine Viertelstunde früher aufsteht, um in dieser Viertelstunde Sitzmeditation zu praktizieren. Oder indem ihr vor dem Einschlafen auf eurem Bett sitzt und, selbst wenn das Licht schon ausgeschaltet wurde, eine Viertelstunde achtsames Atmen genießt. Bei Übungen, die ihr in Gemeinschaft mit anderen Menschen durchführen wollt, könnt ihr die Zeiträume vielleicht nicht immer nach euren eigenen Wünschen ausrichten – versucht einfach, mit der Zeit, die euch zur Verfügung steht, möglichst kreativ umzugehen. Doch erinnert euch bitte, dass die Übungspraxis zu jeder Zeit möglich ist – selbst wenn ihr auf die Toilette geht oder während ihr den Boden wischt.

Ihr könnt den Boden als freie Menschen oder als Sklaven reinigen – dies hängt allein von euch selbst ab. Ein jeder hat seine bestimmten Aufgaben und Pflichten, aber ihr könnt sie als freie Menschen ausführen. Ihr könnt eure Freiheit kultivieren. Dies verhilft euch zu großer Würde, und alle werden dies wahrnehmen können. Mit Hilfe der Übung seid ihr völlig frei, ganz unabhängig davon, in welcher Situation, in welcher Umgebung ihr euch befindet.

Ich schlage euch ernsthaft vor, dass – wann immer ihr auf die Toilette geht, Kot oder Urin ausscheidet und eure Hände wascht – ihr dies mit hundertprozentiger Achtsamkeit tut. Lasst alles Nachdenken; genießt einfach euer Tun. Nach einigen Wochen werdet ihr die wundervolle Wirkung dieser Übung realisieren.

FRAGE: Könnten Sie Achtsamkeit definieren? Und – wie können wir trotz der vielen Ablenkungen praktizieren?

ANTWORT: Das vietnamesische Wort für Achtsamkeit ist *Chanh Niem,* und es bedeutet, wahrhaftig im gegenwärtigen Augenblick zu sein. Wenn ihr esst, seid ihr euch dessen bewusst, dass ihr esst. Wenn ihr geht, seid ihr euch bewusst, dass ihr geht. Das Gegenteil von Achtsamkeit ist Ablenkung oder Zerstreutheit. Ihr esst, aber seid euch dessen nicht bewusst, da euer Geist woanders weilt. Wenn ihr euren Geist zum Geschehen im Hier und Jetzt zurückführt, ist dies Achtsamkeit, und Achtsamkeit kann euch große Vitalität, großen Genuss und viel Freude vermitteln. Der schlichte Akt, eine Orange zu essen, zum Beispiel, wird tausendfach genussvoller sein, wenn ihr die

Orange achtsam esst, als wenn ihr sie esst, während ihr voller Sorgen, Wut oder Verzweiflung seid. Achtsamkeit ist die Energie, die euch hilft, euch der gegenwärtigen Situation vollständig bewusst zu sein, womit auch immer ihr gerade konfrontiert seid.

Angenommen, ihr hört laute Geräusche in der Nähe. Ihr könnt Geräusche als Objekte der Achtsamkeit nutzen. »Während ich einatme, höre ich eine Menge Geräusche. Während ich ausatme, lächle ich den Geräuschen zu. Ich weiß, dass Menschen, die viel Lärm machen, oft nicht sehr friedlich sind, und ich empfinde Mitgefühl für diese Menschen.« Indem ihr achtsam atmet und das Leiden in eurer Umgebung als Objekt eurer Achtsamkeit nutzt, helft ihr den Energien des Verstehens und des Mitgefühls in euch präsent zu werden.

Während eines Retreats litt eine Frau sehr darunter, dass sie wegen des lauten Schnarchens ihrer Zimmergenossin nicht einschlafen konnte. Als sie gerade ihren Schlafsack nehmen und zur Meditationshalle gehen wollte, erinnerte sie sich plötzlich an meine Erklärungen. Und sie nutzte das Geräusch als eine Glocke der Achtsamkeit. »Während ich einatme, bin ich des Schnarchens gewahr. Während ich ausatme, lächle ich dem Schnarchen zu.« Zehn Minuten später war sie bereits friedlich eingeschlafen. Es war eine wundervolle neue Erfahrung für sie.

FRAGE: Könnten Sie ein wenig über Versöhnung sprechen?

ANTWORT: Versöhnung oder die Fähigkeit zu vergeben ist die Frucht des Verstehens. Selbst wenn wir den aufrichtigen Wunsch in uns haben, jemandem etwas Bestimmtes zu vergeben, fühlen wir uns vielleicht nicht dazu imstande. Der gute Wille zur Versöhnung mag da sein, aber die Verbitterung und das Leiden sind ebenfalls noch da. Für mich ist Versöhnung das Resultat tiefen Schauens und Verstehens.

In dem Büro, dass wir während der Sechziger und Siebziger Jahre in Paris betrieben, erreichte uns eines Morgens eine sehr traurige Nachricht. Ein Brief berichtete von einem elfjährigen Mädchen aus Vietnam, die auf einem kleinen Flüchtlingsboot von einem Piraten vergewaltigt worden war. Als ihr Vater einzugreifen versuchte, warfen sie ihn einfach ins Meer. Das kleine Mädchen sprang dann ebenfalls ins Meer und ertrank. Ich war sehr wütend. Als menschliche Wesen haben wir das Recht, wütend zu sein; doch als Übende haben wir nicht das Recht, einfach das Üben einzustellen. Ich war nicht fähig, mein Frühstück zu mir zu nehmen; die Nachricht war einfach zu viel für mich. Ich übte

Gehmeditation in einem nahen Wald. Um mich zu beruhigen, versuchte ich, mit den Bäumen, den Vögeln und dem blauen Himmel in Kontakt zu gelangen, dann setzte ich mich hin, um zu meditieren. Meine Meditation dauerte sehr lange.

Während ich meditierte, sah ich mich selbst als kleines Baby, das gerade in der Küstenregion Thailands zur Welt gekommen war. Mein Vater war ein armer Fischer, meine Mutter eine Frau ohne Schulbildung. Es gab nichts als Armut um mich herum. Mit vierzehn musste ich meinem Vater bei seiner Arbeit auf dem Fischerboot helfen; es war die einzige Möglichkeit, unseren Lebensunterhalt zu verdienen, und es war eine sehr schwere Arbeit. Als dann mein Vater starb, musste ich, um meine Familie mit dem Nötigsten zu versorgen, diese Tätigkeit ganz übernehmen.

Ein Fischer aus meiner Gegend erzählte mir, dass viele der Boat-People, die ständig aus Vietnam flüchteten, persönliche Wertgegenstände wie Gold oder Schmucksachen mit sich führten. Er redete mir zu, dass wir reiche Leute sein könnten, würden wir nur eins dieser Boote überfallen und etwas von dem Gold an uns bringen. Für einen armen jungen Fischer ohne jede Schulbildung stellte dies eine große Versuchung dar. Und eines Tages hatte ich mich schließlich entschieden, zusammen mit meinem Bekannten loszuziehen, um Boat-People auszurauben. Als ich sah, wie er auf dem Boot eine junge Frau vergewaltigte, geriet ich in Versuchung, Gleiches zu tun. Ich schaute mich um, doch es gab da nichts, was mich aufgehalten hätte – keine Polizei, keine Strafandrohung –, und so sagte ich schließlich zu mir selbst: »Ich kann das, einmal wenigstens, auch tun.« So wurde ich ein Pirat und Vergewaltiger.

Stellt euch jetzt vor, dass ihr auch auf dem Boot seid und ein Gewehr habt. Wenn ihr mich nun erschießt, mich tötet, wird mir dies nicht helfen. In meinem ganzen bisherigen Leben hat mir nie jemand geholfen, ebenso wenig, wie meinem Vater oder meiner Mutter in ihrem ganzen Leben jemals geholfen wurde.

Als kleiner Junge wuchs ich ohne Schulbildung auf, spielte mit anderen Kindern, von denen einige bereits auf kriminellen Abwegen waren, und meine einzige reelle Aussicht war, einmal ein armer Fischer zu werden. Kein Politiker, kein Pädagoge hat mir jemals geholfen. Und weil mir niemand jemals half, wurde ich Pirat. Wenn ihr auf mich schießt, werde ich sterben.

In jener Nacht meditierte ich lange über diese Situation. Wieder sah ich mich selbst als jungen Fischer, der zu einem Piraten wurde. Ich sah auch einige Hunderte anderer Kinder, die in dieser Nacht in der Küstenregion um Thailand zur Welt kamen. Ich begann zu verstehen – wenn diesen Kindern niemand hilft, mit einer guten Schulbildung aufwachsen zu können, mit einer reellen Chance also, ein rechtschaffenes Leben zu führen, werden in zwanzig Jahren einige dieser Kinder Piraten geworden sein. Ich begann zu erkennen, dass ich selbst, wäre ich als kleiner Junge in diesem Fischerdorf aufgewachsen, vielleicht auch ein Pirat geworden wäre. Als ich dies verstanden hatte, löste sich meine Wut auf.

Statt weiter wütend auf den Piraten zu sein, fühlte ich nun Mitgefühl mit ihm. Ich gelobte, dass wenn ich irgendetwas tun könnte, um den Kindern zu helfen, die in dieser Nacht entlang der Küstenlinie von Thailand geboren wurden, ich ihnen diese Hilfe geben würde. Die Energie der Wut wurde durch meine Meditation in die Energie des Mitgefühls verwandelt. Doch ohne diese Art von Verstehen kann Mitgefühl nicht erlangt werden, und Verstehen ist die Frucht tiefen Schauens – ich nenne es Meditation.

Frage: Was ist das Wesentliche im Buddhismus? Ist Buddhismus eine Religion? Und – war Buddha ein Gott?

ANTWORT: Der Buddha erinnert uns immer daran, dass er kein Gott, sondern ein menschliches Wesen ist. Er ist ein Lehrer. Er hinterließ viele Lehrreden, die er damals seinen Schülerinnen und Schülern vorgetragen hat. Wir nennen sie *Sutras.* Die Übung des achtsamen Atmens, die ich euch vorgestellt habe, geht auf die *Lehrrede über das achtsame Atmen* zurück. Darin lehrt der Buddha sechzehn Übungen des achtsamen Atmens, die uns dabei helfen können, die Schwierigkeiten unseres täglichen Lebens zu bewältigen, Weisheit und Mitgefühl zu entwickeln und so weiter. Andere Lehrreden behandeln die Übung der Achtsamkeit, die zu tief greifender Veränderung und Heilung führt. Die Sutras sind keine Gebete; es sind Erklärungen, die uns vermitteln sollen, wie wir das Leiden und die Schwierigkeiten in unserem täglichen Leben überwinden können.

Der Buddhismus war ursprünglich keine Religion, sondern eine Lebensweise. Die Sutras sind die Lehrreden des Buddha über die Umwandlung des Leidens und die Entwicklung von Freude und Mitgefühl. Als buddhistische Mönche und Nonnen studieren wir viele dieser Sutras, und wir lernen, anderen Menschen in verständlicher Weise zu vermitteln, wie sie diese Lehren praktizieren können.

In der buddhistischen Tradition verehren wir die

Drei Juwelen. Das erste Juwel ist der *Buddha;* derjenige, der einen Weg des Verstehens, der Liebe, der tief greifenden Veränderung und Heilung entdeckt hat. Das zweite Juwel ist das *Dharma*; der Pfad der Transformation und Heilung, der vom Buddha in Form von Lehrreden, Erklärungen und Übungen aufgezeigt wird. Das dritte Juwel ist die Gemeinschaft der Übenden, die *Sangha* – Männer und Frauen, die zusammengefunden haben, um gemeinsam den Übungsweg der Meditation und Achtsamkeit zu beschreiten.

Sangha bedeutet »Gemeinschaft«. Jedes Mitglied der Gemeinschaft übt achtsames Atmen, achtsames Gehen und die Entwicklung von Mitgefühl und Verstehen. Die Zufluchtnahme zur Sangha ist ein wesentlicher Teil unserer Praxis, da eine echte Sangha eine Gemeinschaft ist, in der wahre Praxis stattfindet – wahre Achtsamkeit, wahres Verstehen und Mitgefühl. Eine wahre Sangha trägt das wahre Dharma und den wahren Buddha in sich. Wenn ihr folglich mit einer wahren Sangha in Berührung kommt, kommt ihr mit dem wahren Dharma und dem wahren Buddha in Berührung.

Mit einer Sangha habt ihr beste Aussichten, erfolgreich zu praktizieren, denn die Sangha stellt ein Instrument dar, das euch in eurer Praxis hilft und beschützt. Ohne die Hilfe und den Schutz der Sangha brecht ihr eure Übungspraxis vielleicht nach einigen Wochen oder Monaten wieder ab. Es gibt bei uns das Sprichwort, dass wenn ein Tiger den Berg verlässt, um in das Tiefland zu gehen, er von Menschen eingefangen und getötet wird. Ein Übender oder eine Übende sollte mit der Sangha in Verbindung bleiben, da er oder sie sonst die Übungspraxis vielleicht wieder abbricht. Die Führung und Unterstützung durch eine Sangha ist sehr wichtig.

Selbst hier, an diesem Ort, könnt ihr eine Sangha mit vier oder fünf Menschen aufbauen, die gemeinsam achtsames Gehen, Atmen, Essen und Arbeiten üben. Eine Sangha kann die notwendige Unterstützung bieten, die euch zu einer erfolgreichen Praxis verhilft. Eine Sangha kann aus Laienanhängern oder Mönchen und Nonnen bestehen, aber immer, wenn wenigstens vier Menschen gemeinsam die Übung der Achtsamkeit praktizieren, bilden sie eine Sangha. Die Zuflucht zur Sangha ist sehr wichtig – wenn die Sangha wirklich übt, enthält sie den Buddha und das Dharma in sich.

Frage: Was ist Achtsamkeit und was kann sie bewirken?

Antwort: Wie ich bereits sagte, ist Achtsamkeit

die Fähigkeit, vollständig präsent im Hier und Jetzt zu sein. Konzentriert eure gesamte Aufmerksamkeit auf das gegenwärtige Geschehen – wenn Achtsamkeit da ist, ist auch Konzentration da. Wenn ihr euch einem Gegenstand mit Achtsamkeit zuwendet, konzentriert ihr euch – der Gegenstand wird zum Objekt eurer Konzentration. Ist eure Achtsamkeit und Konzentration gefestigt, erlangt ihr tiefe Einsicht; ihr erlangt ein tiefes Verstehen dessen, was sich wirklich im Hier und Jetzt ereignet. Der Gesamtprozess umfasst also Achtsamkeit, Konzentration, und Einsicht. Die Einsicht hilft euch verstehen, und sie befreit euch von falschen Auffassungen. Sie wird euch helfen, euer Leiden zu überwinden.

FRAGE: Ist es ratsam, über die Vergangenheit und über Pläne für die Zukunft nachzudenken?

ANTWORT: Achtsamkeit bedeutet, vollständig im gegenwärtigen Augenblick zu sein. Das heißt jedoch nicht, dass ihr nicht gründlich nachdenken oder gezielte Überlegungen anstellen solltet, um Lehren aus der Vergangenheit zu ziehen oder um Pläne für die Zukunft zu entwickeln. Wenn ihr wirklich im gegenwärtigen Moment verwurzelt seid und die Zukunft zum Objekt eurer Achtsamkeit und eures tiefen Schauens macht, könnt ihr vielleicht erkennen, was im gegenwärtigen Moment zu tun ist, um eine solche Zukunft zu ermöglichen. Wir sagen, die beste Weise, sich um die Zukunft zu kümmern, besteht darin, sich sorgsam der Gegenwart zuzuwenden. Euch sorgsam der Gegenwart zuzuwenden ist auch so ziemlich das Einzige, was ihr tun könnt, um eine gute Zukunft sicherzustellen.

Wenn wir vergangene Ereignisse in die Gegenwart hineinbringen und zum Objekt unserer Achtsamkeit machen, können wir daraus viel lernen. Als wir selbst noch Teil dieser Ereignisse waren, konnten wir sie nicht so klar sehen, wie wir das jetzt tun. Die Übung der Achtsamkeit gibt uns neue Augen, sie klärt unseren Blick, und wir können viele Lehren aus der Vergangenheit ziehen.

FRAGE: Bitte sprechen Sie noch ein wenig über das Atmen.

ANTWORT: Mit Hilfe der Übung wird sich die Qualität eures Atmens deutlich verbessern. Euer Atem wird tiefer und länger. Er bringt mehr Freude für euren Körper und in euer Bewusstsein. Dazu sind keine wesentlichen Veränderungen eurer Situation, eurer äußeren Bedingungen notwendig. Wenn ihr einfach weiterhin in gewohnter Weise atmet, geht und sitzt, wird sich die Qualität eures Atmens, Gehens und Sitzens deutlich verbessern. Die Übung des bewussten Atmens sollte eure Genussfähigkeit, Lebendigkeit und Freude vergrößern. Die Übung der Meditation sollte niemals negative Wirkungen hervorbringen; wenn wir Zustände erfahren, die denen von Frieden, Entspannung und Freude widersprechen, ist etwas nicht in Ordnung. Meditation sollte die Qualität unseres Lebens im gegenwärtigen Augenblick immer nur deutlich verbessern.

FRAGE: Hier im Westen legt man offensichtlich viel Wert auf Erfolg. Gibt es so etwas wie Erfolg überhaupt?

ANTWORT: Nehmen wir zum Beispiel die Gehmeditation. Vielleicht gehen wir für eine Weile achtsam und genießen dabei jeden Schritt. Da wir nun manche Dinge, wie Bäume, Felsen oder Wolken, einfach gerne anschauen, entdecken wir vielleicht plötzlich eine wunderschöne Blume vor uns, und wir verspüren den Wunsch, unsere Gehmeditation zu unterbrechen, um diese Schönheit zu betrachten. Daran ist nichts Verkehrtes, denn auch, wenn wir das Gehen unterbrechen, halten doch unser Genuss, unsere Freude an.

Das Gleiche gilt auch für andere Arten der Meditation. Während ihr euer Ein- und Ausatmen genießt, taucht vielleicht plötzlich ein Gedanke in euch auf. Nun habt ihr die Freiheit zu entscheiden, ob ihr das achtsame Atmen fortsetzen wollt oder ob ihr euch dem Gedanken zuwendet. Ihr könnt euch zum Beispiel entscheiden, dem Gedanken zu sagen: »Ich möchte zunächst mit meinem achtsamen Atmen fortfahren, bevor ich mich mit dir befasse.« Falls der Gedanke eure Entscheidung anerkennt, wird er zurück in den Hintergrund treten, so dass ihr eure Meditation fortsetzen könnt. Es ist so, als legtet ihr beim Durchsehen eines Briefstapels auf eurem Schreibtisch einen besonders wichtigen oder interessanten Brief auf die Seite, um euch später damit zu befassen.

Achtsamkeit kann Achtsamkeit gegenüber jedem beliebigen Gegenstand sein, dem ihr euch im gegenwärtigen Augenblick zuwendet. Vielleicht ist der Gedanke ja sehr dominant und verlangt eure Aufmerksamkeit sofort, hier und jetzt. Dann könnt ihr sagen: »Gut, ich unterbreche die Konzentration auf meinen Atem und widme jetzt dir meine Aufmerksamkeit.« Dann entscheidet ihr euch also dafür, eure ganze Aufmerksamkeit auf dieses neue Meditationsobjekt zu konzentrieren. Ihr braucht euch deshalb nicht verunsichert zu fühlen.

Wenn ihr nach vielleicht zehn Minuten der Sitzmeditation zunehmend Schmerzen in euren Beinen fühlt, denkt ihr womöglich, dass ihr diesen Schmerz bis zum Ende der beabsichtigten fünfzehn oder zwanzig Minuten aushalten müsstet, dass ihr sonst versagt hättet. Doch so solltet ihr nicht denken. Ihr könnt eure Achtsamkeit stattdessen auf die sanfte Veränderung eurer Sitzposition richten. »Während ich einatme, bin ich mir bewusst: Ich verändere meine Sitzhaltung. Während ich ausatme, lächle ich meinem Muskelschmerz zu.« Ihr könnt das Objekt eurer Achtsamkeit frei wählen. Ihr habt deshalb die Meditation nicht aufgegeben, und nicht eine Sekunde eurer Übung war vergebens. Ihr habt nicht versagt.

Frage: Was ist ein Zen-Meister?

Antwort: Ein Zen-Meister ist jemand, der oder die eine gewisse Erfahrung in der Übung der Zen-Meditation erlangt hat und dazu fähig ist, diese Erfahrung anderen Menschen zu vermitteln, sie mit anderen Menschen zu teilen.

Frage: Ich habe einen christlichen Hintergrund. Ist es in Ordnung, wenn ich die Übung der Achtsamkeit praktiziere?

Antwort: Ich habe das Christentum studiert und darin, wie übrigens auch im Judentum und im Islam, viele Lehren der Achtsamkeit entdeckt. Ich glaube, dass Achtsamkeit einen universellen Charakter hat. Ihr findet sie in allen spirituellen Traditionen vor. Wenn ihr, innerhalb einer beliebigen Tradition, eingehend die Lebensgeschichte eines weisen oder heiligen Menschen studiert, werdet ihr der Qualität der Achtsamkeit in seinem Leben begegnen können. Ein weiser Mensch ist fähig, jeden Augenblick seines Lebens intensiv zu erfahren und die Schönheit und Wahrheit eines jeden Augenblicks zu berühren.

Ich bin davon überzeugt, dass wir gleichzeitig von vielen Traditionen profitieren können. Wenn ihr Orangen mögt, ist es gut, sie zu essen, aber was hält euch davon ab, ebenso Kiwis oder Mangos zu genießen? Warum solltet ihr euch auf nur eine Art von Frucht festlegen, wenn euch das gesamte spirituelle Erbe der Menschheit zur Verfügung steht?

Ich halte es durchaus für möglich, dass wir sowohl buddhistische als auch christliche oder jüdische Wurzeln haben. Machen wir uns das bewusst, können wir große Stärke entwickeln.

FRAGE: Gibt es eine Art von Kraft, die ihr Leben lenkt? Eine höhere Macht, die Sie führt und Ihnen Ihren Weg weist?

ANTWORT: Wie ich schon sagte, können wir in jeder Zelle unseres Körpers sowohl die Hölle finden wie auch den Himmel – das Reich Gottes. Ob höhere oder niedere spirituelle Macht, sie befindet sich genau hier, in uns selbst. Sind wir mitfühlend, können wir die Energie des Mitgefühls überall berühren. Tragen wir Gewalt und Hass in uns, so nehmen wir mit den entsprechenden Energien in unserer Umgebung Verbindung auf. Aus diesem Grund ist es sehr wichtig, den Kanal, auf dem wir senden und empfangen wollen, sorgsam und bewusst auszuwählen.

Wenn ihr euch entscheidet, euch nur von positiven Energien zu ernähren, dann wird die Energie der Achtsamkeit euch helfen, zwischen Energien, die euch zuträglich sind, und solchen, die euch schaden können, zu unterscheiden – Menschen, mit denen ihr Kontakt suchen solltet, Nahrungsmittel, die ihr essen oder nicht essen solltet, Fernsehprogramme, die ihr nicht anschauen solltet, und so weiter. Die Energie der Achtsamkeit wird euch vermitteln, welche Dinge ihr für euer Wohlergehen benötigt und welche Dinge euch Schaden zufügen können.

FRAGE: Könnten Sie etwas über Ihre Poesie, über Ihre Gedichte, sagen?

ANTWORT: Meine Poesie ist etwas, das im Laufe eines ganz normalen Tages einfach geschieht.

Während ich Gemüse putze oder Geschirr spüle, wird ein Gedicht, wird Poesie in mir geboren. Wenn ich mich dann an den Schreibtisch setze, ist es so, als gebe ich die Poesie nur noch weiter. Poesie kommt mir als Eingebung zu; sie ist die Frucht meines achtsamen Lebens. Nachdem ein Gedicht entstanden ist, erkenne ich oft, dass es mir bereits geholfen hat; es diente mir als eine »Glocke der Achtsamkeit«.

Manchmal müsst ihr ein Gedicht, dass ihr verfasst habt, erneut lesen, damit es euch zu einer wundervollen Erfahrung zurückfinden lässt – es erinnert euch an die Schönheit, die in euch und überall um euch existiert. Ein Gedicht ist wie eine Blume, die ihr der ganzen Welt darreicht, und zur gleichen Zeit ist es eine Glocke der Achtsamkeit, die euch an die Gegenwart von Schönheit in eurem täglichen Leben erinnert.

Anhang

Wunderbare Augenblicke – Empfehlungen für einen guten Tag

Wenn die Morgenglocke ruft

… oder wenn das Klingeln des Weckers den Moment des Aufwachens signalisiert, nehmen wir uns einige Augenblicke Zeit, unsere gegenwärtige Situation bewusst wahrzunehmen. Wir genießen die entspannte Rückenlage unseres Körpers und atmen einige Male langsam und tief ein und aus. Wir sind uns des Übergangs vom Schlafen zum Wachsein, von der Ruhe zur Aktivität bewusst. Behutsam öffnen wir unsere Wahrnehmung den Sinnesreizen unserer unmittelbaren Umgebung – den Geräuschen und Klängen, die unsere Ohren erreichen, und, während wir langsam unsere Augen öffnen, den Farben und Formen, den Schattierungen von Dunkelheit und Licht. Wir spüren, wie jedes Einatmen unseren Körper und Geist mit Frische und Lebendigkeit erfüllt und jedes Ausatmen alle Spannungen löst. Wir schenken uns selbst ein liebevolles, gütiges Lächeln. Dann erst stehen wir langsam auf und versuchen dabei, jeder unserer Bewegungen gewahr zu sein.

Unser Frühstück genießen wir, nachdem wir es achtsam zubereitet haben, in friedvoller Ruhe und Konzentration und verzichten möglichst auf zerstreuende Ablenkungen wie gleichzeitiges Zeitung lesen oder Radio hören. Wir atmen einige Male entspannt ein und aus, bevor wir unsere gesamte Aufmerksamkeit der Mahlzeit zuwenden, die appetitlich angerichtet vor uns steht. Und während wir achtsam zu essen beginnen, geben wir in unserem Herzen einem Gefühl stiller Freude und Dankbarkeit Raum. Allein dieses Gefühl, diese Energie der Dankbarkeit, vermittelt uns enorme Kraft und den Mut, allen Ereignissen, die im Laufe des neuen Tages auf uns zukommen mögen, mit positiver Aufgeschlossenheit zu begegnen.

Es ist ganz natürlich, wenn unser Geist, unsere Gedankentätigkeit, zeitweise mit »Zukünftigem« beschäftigt ist – mit den bevorstehenden Aufgaben und Terminen, mit Ideen, Überlegungen oder Plänen. Doch sollten wir uns keinesfalls in unseren Gedanken verlieren – in Hoffnungen oder Befürchtungen, Vorstellungen und Mutmaßungen, denn sonst verpassen wir unsere »Verabredung mit dem Leben«! Lassen wir deshalb unseren

Geist nicht »über das Ziel hinausschießen«. Es ist in Ordnung, wenn wir uns gedanklich auf den vor uns liegenden Tagesablauf konzentrieren, doch sollten wir dabei niemals unsere Verbindung zur Gegenwart verlieren. Wir kehren immer wieder bewusst zu unserem Atem zurück, zu unserem Hiersein, zum gegenwärtigen Augenblick.

Nachdem wir uns achtsam für den neuen Tag gestärkt haben, öffnen wir unsere Wahrnehmung den wundervollen Erscheinungsformen des Lebens in unserer Umgebung. Ob noch zu Hause oder bereits auf dem Weg zur Arbeit – unsere bewusste Aufmerksamkeit lässt uns vieles entdecken, das uns ein Gefühl von Freude und Glück vermittelt und dessen lebendige Schönheit wir genießen können – das Sonnenlicht oder den Regen, das Gesicht eines Kindes, eine blühende Pflanze oder einen angenehmen Klang, wie Vogelgezwitscher, das Pfeifen des Windes, ein fröhliches Lachen.

Sind wir auf dem Weg zur Arbeit oder zum Einkaufen, versuchen wir, unserer gegenwärtigen Situation, unseres »Unterwegseins«, vollständig gewahr zu sein. Wir entspannen unseren Körper und Geist immer wieder mit einigen achtsamen Atemzügen, ob wir nun gehen, Fahrrad fahren, in der U-Bahn sitzen oder unseren eigenen Wagen steuern, und lassen unser Bewusstsein wie auch unsere Schritte und Bewegungen ruhig, friedvoll und konzentriert werden.

Wenn wir, um unser Ziel zu erreichen, unser Auto benutzen und auf dem Fahrersitz Platz nehmen, stimmen wir uns mit Hilfe einiger achtsamer Atemzüge auf die gegenwärtige Situation ein, bevor wir den Motor starten. Wir spüren unsere Sitzhaltung und entspannen, achtsam atmend, unseren Körper, unser Gesicht, unsere Schultern, unsere Glieder. Wir lösen uns von dem inneren Druck, rechtzeitig unser Fahrziel erreichen zu müssen, und genießen stattdessen einfach unser Unterwegssein. Müssen wir vor einer roten Ampel anhalten, betrachten wir die Ampel als eine »Glocke der Achtsamkeit«, die uns daran erinnert, zu unserem Atem, zum Hier und Jetzt zurückzukehren. Lasst uns alle unsere Vorstellungen über das Autofahren getrost vergessen – aber lasst uns bitte nicht vergessen zu lächeln!

Sind wir an unserem Arbeitsplatz angelangt und haben wir beispielsweise an unserem Schreibtisch Platz genommen, atmen wir auch hier wieder einige Male achtsam ein und aus, bevor wir mit der Arbeit beginnen. In aller Ruhe verschaffen wir uns einen Überblick über die Aufgaben, die hier und heute vor uns liegen, und – wir schenken uns selbst ein freundliches, aufmunterndes Lächeln (den Kolleginnen und Kollegen oder anderen Mitmenschen, denen wir begegnen, natürlich auch!).

An welchen Orten und in welchen Situationen wir uns im Laufe des Tages befinden, mit welchen Aufgaben oder Tätigkeiten wir uns auch immer beschäftigen mögen – wir versuchen stets, die Energie der Achtsamkeit zu nutzen und jede Gelegenheit wahrzunehmen, zum Jetzt zurückzukehren, zu unserem Körper, unserem Atem, unserem Geist. Wir bemühen uns, in jedem Augenblick unseres eigenen Tuns, wie auch aller Vorgänge um uns herum, gewahr zu sein. Sind unsere Schritte, unsere Handlungen friedvolle Schritte und Handlungen? Wann immer wir Nervosität oder Anspannung in uns spüren, versuchen wir, mit Hilfe einiger achtsamer Atemzüge unseren Körper und Geist zu beruhigen, und – zu lächeln!

Es gibt viele Dinge in unserem täglichen Leben, die uns als »Glocke der Achtsamkeit« dienen können: ein Klopfen an der Wohnungstür, das Klingeln des Telefons, das Piepsen des Computers beim Hochfahren oder auch das Zischen des Modems bei der Verbindungsaufnahme. Lasst uns solche alltäglichen Geräusche jeweils als »Weckrufe« nutzen, als »Signale des Wachseins«, die uns daran erinnern, achtsam zu sein und zu uns selbst, zum gegenwärtigen Augenblick, zurückzukehren! Klingelt beispielsweise das Telefon, erlauben wir uns zunächst einige ruhige, friedvolle Atemzüge, bevor wir den Hörer abheben und achtsam zuzuhören und zu sprechen beginnen. Die Energie der Achtsamkeit wird sich auf die Qualität unseres Gesprächs, wie auch auf unsere persönliche Beziehung zu dem Anrufer, mit Sicherheit nur positiv auswirken!

Unser Mittagessen und unser Abendbrot bereiten (beziehungsweise empfangen) und genießen wir in der gleichen achtsamen Weise wie schon unser Frühstück. Bevor wir zu essen beginnen, atmen wir stets einige Male entspannt ein und aus, um die Energie der Achtsamkeit in uns wachzurufen. Nehmen wir die Nahrung zu uns, sind wir uns jedes Vorgangs und jeder Aktion vollständig bewusst – ob wir sie zum Mund führen, kauen oder herunterschlucken. Wir essen langsam und konzentriert und genießen jeden einzelnen Bissen in Achtsamkeit. Vielleicht legen wir zwischendurch, beispielsweise nach dem Kauen und Herunterschlucken eines Bissens und vor der Aufnahme eines neuen, weitere kleine »Atempausen« ein, Momente des achtsamen Innehaltens, in denen wir unsere Aufmerksamkeit zum gegenwärtigen Augenblick zurückbringen.

Wann immer wir, zum Beispiel während der Mittagspause, freie Zeit finden, sollten wir sie nutzen, um erfreuliche Dinge zu erleben, wie ein Gespräch mit einer guten Freundin oder einen Spaziergang in schöner Umgebung. Doch was wir auch immer tun, wir kehren stets wieder zu unserem Atem zurück, zum Hier und Jetzt, und versuchen uns friedlich und entspannt zu bewegen.

Nach Beendigung unseres Arbeitstages nehmen wir uns einen Moment Zeit, die bewältigten Aufgaben zu reflektieren und vielleicht zu überlegen, wie wir am nächsten Tag fortfahren können. Dabei geben wir wieder den Gefühlen von Freude und Dankbarkeit Raum in unserem Herzen, so der Freude und Dankbarkeit darüber, zu dieser Arbeit, zu diesen Leistungen fähig zu sein!

Auch auf dem Heimweg halten wir unser achtsames Gewahrsein aufrecht. Jeden Schritt, den wir gehen, jede Bewegung unseres Körpers versuchen wir in Frieden, in Ruhe und Konzentration auszuführen. Wir sind uns der gegenwärtigen Situation bewusst, unserer eigenen Handlungen wie auch unserer Umgebung und lassen so oft wie möglich ein sanftes, dankbares Lächeln auf unserem Gesicht Platz finden. Wir spüren zum Beispiel beim Gehen die Luft, die uns umgibt, und versuchen ihre momentanen Eigenschaften in Dankbarkeit anzunehmen – sei sie nun heiß oder kalt, trocken oder feucht. Zu Hause angekommen, werden wir uns noch einmal all unserer Gedanken und Gefühle bewusst. Bevor wir unsere Wohnungstür öffnen, atmen wir einige Male achtsam ein und aus, wiederum im Gewahrsein dieser »Übergangssituation« – Wie fühlt es sich an, zu Hause anzukommen? Fühlen wir uns friedlich, glücklich, dankbar?

Wenn wir am Abend fernsehen, stellen wir vielleicht während der Werbepausen oder zwischen einzelnen Programmteilen den Ton leiser und konzentrieren uns wieder für einige Zeit auf unseren Atem. Gehen wir ins Bad oder in die Küche, achten wir darauf, nicht in Eile zu verfallen, sondern nutzen diesen Vorgang für eine Gehmeditation. Lesen wir ein Buch oder eine Zeitschrift, halten wir vielleicht etwa alle halbe Stunde für einige Augenblicke inne, um unsere Aufmerksamkeit zurück zu unserer Umgebung und unserem Atem zu lenken. Auch wenn wir mit anderen Menschen, zum Beispiel mit unserer Familie, beisammen sind, sollten wir uns hin und wieder einen Moment der Selbstbesinnung gönnen, indem wir uns mit Hilfe einiger achtsamer Atemzüge innerlich entspannen. Vielleicht können wir uns sogar mit unserer Familie oder mit unseren Mitbewohnern darauf einigen, bestimmte Signale gemeinsam als »Glocke der Achtsamkeit« zu nutzen. Können wir Augenblicke der Achtsamkeit, des bewussten Atmens miteinander teilen und gemeinsam genießen, dann werden sich die wundervollen, positiven Wirkungen dieser Energie noch einmal beträchtlich verstärken.

Und wenn wir uns am Ende des Tages schließlich zu Bett begeben, wenn wir uns auf den Übergang von der Wachheit und Aktivität zur Nachtruhe, zum Schlafen, vorbereiten, dann versuchen wir, uns in völligem Gewahrsein dieser Situation zu entspannen. Auf dem Rücken liegend, atmen wir achtsam ein und aus, tief und langsam, und lassen Ruhe und Zufriedenheit unseren Körper und Geist erfüllen. Ein weiteres Mal lächeln wir uns selbst freundlich und wohlwollend zu und lassen den heutigen Tag wie auch unsere Vorstellungen vom Morgen einfach gehen. Wir überlassen uns unserer Stimmung friedvoller Gelöstheit und genießen einfach unser Einschlafen!

Spirituelles Zentrum von Thich Nhat Hanh

Plum Village
New Hamlet
13 Martineau
F-33580 Dieulivol

Tel. 0033 5 56 61 66 88
Fax 0033 5 56 61 61 51

www.plumvillage.org

Nähere Informationen für Deutschland

Gemeinschaft für achtsames Leben Bayern e.V.
Vogelherdstr. 9
83714 Miesbach

Tel. 08092 / 8519940
Fax 08092 / 8519941

www.gal-bayern.de

Seminarangebote für Deutschland

InterSein Zentrum für Leben in Achtsamkeit
– Haus Maitreya –
Unterkashof 50
94545 Hohenau

Tel. 08558 92 02 52

www.intersein-zentrum.de

Weitere Bücher von Thich Nhat Hanh im Theseus Verlag – eine Auswahl

Antworten von Herzen
ISBN 978-3-89901-281-1

Aus Angst wird Mut
ISBN 978-3-89901-966-7

Jeden Augenblick genießen
ISBN 978-3-89901-231-6

Das Wunder der Achtsamkeit
ISBN 978-3-89901-238-5

Das Wunder des bewussten Atmens
ISBN 978-3-95883-082-0

Der Geruch von frisch geschnittenem Gras
ISBN 978-3-95883-080-6

Theseus im Internet: www.Theseus-Verlag.de
Unseren Gesamtprospekt senden wir Ihnen gern zu.

Die Originalausgabe erschien unter dem Titel *Be free where you are*
bei Parallax Press · P. O. Box 7355 Berkeley, California 94707, USA

Bibliografische Information der Deutschen Nationalbibliothek:
Die Deutsche Nationalbibliothek verzeichnet diese Publikation
in der Deutschen Nationalbibliografie;
detaillierte bibliografische Daten sind im Internet über
http://dnb.de abrufbar.

ISBN 978-3-89901-388-7
ISBN eBook 978-3-89901-940-7

Lektorat: Ursula Richard

Umschlaggestaltung: Morian & Bayer-Eynck, Coesfeld
unter Verwendung eines Fotos © John M. Roberts/Corbis
Gestaltung und Satz: Grafikstudio Scheffler, Berlin
Druck: CPI books GmbH, Leck
Printed in Germany

Mehr Bäume.
Weniger CO_2.
www.cpibooks.de/klimaneutral